KB173067

예수가 들려주는

십자가 이야기

예수가 들려주는

십자가 이야기

ⓒ 오채환, 2006

초판　1쇄 발행일　2006년 2월 14일
초판 15쇄 발행일　2023년 2월 1일

지은이　　오채환
그림　　　이정화
펴낸이　　정은영

펴낸곳　　(주)자음과모음
출판등록　2001년 11월 28일 제2001-000259호
주소　　　10881 경기도 파주시 회동길 325-20
전화　　　편집부 (02)324-2347 경영지원부 (02)325-6047
팩스　　　편집부 (02)324-2348 경영지원부 (02)2648-1311
e-mail　　jamoteen@jamobook.com

ISBN　978-89-544-1940-6 (64100)

• 잘못된 책은 교환해드립니다.

예수가 들려주는
십자가 이야기

오채환 지음

㈜ 자음과모음

책머리에

　이 책을 쓰게 된 바탕에는, 세상에 널리 알려진 사실일수록 오히려 모르는 것들이 더욱 많을 수도 있다는 생각이 넓게 자리 잡고 있습니다. 책 제목에 나타난 〈예수〉와 〈십자가〉가 그 대표적인 예입니다.

　우리는 모든 인류가 왜 해마다 예수를 들먹이며 떠들썩하게 구는지 그 이유를 잘 모릅니다. 또한 흡혈귀나 드라큘라를 물리친다는 십자가도 왜 교회의 첨탑 꼭대기에 세워져 있는지 그 이유를 잘 모릅니다.

　이렇게 된 이유는 많은 사람들이 다음과 같이 생각하고 있기 때문입니다.

　"비록 나는 잘 모르고 깊이 생각해 본 적도 없지만, 다른 모든 사람들은 '당연히' 잘 알고 있을 것이다."

　그런데 문제는 다른 사람들 중에서도 그와 같은 생각을 하는 사람이 너무 많다는 데 있습니다. 예수가 진정으로 '예수'인 이유는 그가 '그리스도'이기 때문입니다. 그래서 우리는 예수를 그냥 '예수'라 하지 않고 '예수 그리스도'라고 부릅니다. 그렇다면 그리스도란 무엇일까요?

첫째, 하나님의 뜻을 담은 말씀(또는 계명)을 새롭게 선포한 인물입니다. 그 이전에도 계명은 있었지만 율법이라는 인위적인 틀에 얽매여 있었습니다. 그래서 그리스도는 그로부터 사람들을 자유롭게 하는 새로운 계명을 선포했습니다. 새 계명은 억압의 낡은 율법을 따르기보다는 사랑을 실천하라는 것이었습니다.

'경천애인' 즉, 위로 하나님을 섬기고 옆으로 주변의 이웃을 돌보는 사랑을 율법보다 위에 두게 한 것이지요.

둘째, 그리스도의 정체는 하나님도 아니고 인간도 아니며 그 중간은 더욱 아닙니다. '온전한 하나님이자 온전한 인간' 인 것입니다. 그래서 그리스도는 두려움의 대상이 아니며 단순한 존경의 대상도 아니고, 오직 '신앙' 의 대상인 것입니다.

또한 그리스도를 한자화한 것을 다시 우리 식으로 음역한 것이 '기독' 으로, 기독교란 그런 그리스도를 신앙의 대상으로 삼는 종교이지요.

셋째, 그리스도는 자신이 선포한 새 계명을 스스로 실천한 사랑의 완성자이며, 모범적인 신앙의 완성자입니다. 이러한 완성은 원죄로 인하여 돌이킬 수 없을 만큼 벌어진 하나님과 인간의 틈새를 그리스도가 메움으로써 가능했습니다.

예수도 인간으로서 "주여, 왜 나를 버리시나이까?" 하고 고통스런 원망을 했지만, 그리스도이기 때문에 하나님과 인간의 관계 회복에 필요한 대가를 죽음으로 대신했던 것입니다.

따라서 죽음의 대가로 바쳐진 십자가는 그리스도로서의 예수가 사랑과 신앙을 완성하기까지 겪은 고난의 상징이자 고난을 이겨 낸 승리의 상징이며 영광과 찬미의 상징입니다.

한편 십자가를 인간의 입장에서 보면, 인간의 죄를 깨닫게 하는 준엄한 선포의 상징이자 이어지는 구원에 대한 약속의 상징이며 그 실현을 입증한 능력의 상징인 것입니다.

필자는 보다 더 친근하고 재미있는 예화를 통해 이 책이 그런 내용들을
살펴보는 데 도움이 되었으면 하는 바람을 가져 봅니다.

오채환

차례

프롤로그

수많은 사람들이 사는 푸른 별 지구. 그곳에는 저마다 다양한 생각, 다양한 모습의 사람들이 살고 있습니다.

어떤 사람은 돈을 위해서 살고, 또 어떤 사람은 명예를 위해 살며, 또 어떤 사람은 사랑을 위해 삽니다. 여러분은 인생을 살아가는 참 가치가 무엇이라고 생각하나요?

여기, 아직 자신들이 무엇을 위해 살아야 하는지 아무것도 모른 채, 그저 천진난만하게 살아가는 개구쟁이 삼총사가 있습니다.

육상 선수가 꿈인 진우, 삼총사의 맏형 격이죠. 책임감도 강하고, 자신이 하고자 하는 일은 무슨 일이든지 진취적으로 밀고 나가는 멋진 리더랍니다.

말 많고 꾀도 많은 현수는 잔머리 굴리는데 선수입니다. 그러나 정이 많은 현수는 정의파이자 의리파랍니다.

그리고 막내 이름은 영태라고 합니다. 소심하고 수줍음 많은 영태는 진우와 현수가 없으면 아무것도 하지 못한답니다. 그러나 마음만은 누구보다 넉넉한 순정파입니다.

사실 그들이 처음부터 삼총사였던 것은 아니었답니다. 세 소년이 한 데 뭉친 것은 진우가 현수와 영태가 사는 고아원으로 오면서부터였지요.

진우는 부모님이 돌아가시자 곧 어느 가정에 입양이 되었답니다. 진우가 입양된 지 3개월 쯤 되었을까요? 양부모님의 돈이 없어지는 사건이 일어난 겁니다. 그런데 억울하게 진우가 범인으로 지목된 것이 아니겠어요? 진우는 자신이 돈을 훔치지 않았다고 했지만 결국 누명을 쓴 채 그 집에서 도망쳐 버렸어요. 갈 곳이 없어 서성거리던 진우는 공원에 앉아 홀로 울고 있었답니다. 그때 천사가 나타난 거예요!

천사는 진우에게 다가와 몸과 마음을 녹일 수 있는 국밥을 손에 들려 주었지요. 진우는 양부모님 집에서 갈비며, 불고기며 맛있다는 것은 모두 먹어 보았지만, 그날 먹은 국밥만큼 맛있지는 않았습니다.

그 천사는 진우를 따뜻한 보금자리로 안내했고, 바로 그곳에서 현수와 영태를 만나게 된 것입니다.

그 천사가 누구냐고요? 그 천사는 매주 토요일 정오만 되면 노란 모자와 하얀 앞치마를 두르고 거리의 사람들에게 따뜻한 국밥을 무료로 나누어 주는 천사랍니다. 그뿐인가요? 사랑의 복지관 원장님인 이 천사는 자기가 필요한 곳이라면 그곳이 어디든 마다하지 않고 달려가는 사람이랍니다.

바로 김사랑 아저씨가 그 천사예요. 사실, 아저씨가 처음부터 그 일을 하신 건 아니었어요. 김사랑 아저씨도 어렸을 때는 무척 가난하게 살았대요. 어린 나이에 서울로 올라와 여기저기 돌아다니며 구걸해서 밥을 얻어먹기도 하고, 작은 식당에서 먹고 자면서 일을 도와주기도 했대요. 여러 번 나쁜 길로 빠져들 위험에 처하기도 했지만, 그때마다 좋은 분들이 아저씨를 도와주셨다고 해요. 그래서 아저씨는 다짐했대요. 나중에 크면 꼭 아저씨보다 못한 사람들을 도우면서 살겠다고 말이에요.

복지관 규모도 처음부터 컸던 것은 아니에요. 처음엔 돈도 없고 도와주는 사람들도 없었답니다. 하지만 아저씨가 무료 급식을 하는 것이 많은 사람들에게 알려지면서 그 뜻을 같이 하는 사람들이 하나 둘씩 모이게 되었고, 그 규모도 커지게 되었답니다.

그리고 복지관은 다른 곳에서는 발견할 수 없는 뭔가가 숨어 있답니다. 그게 뭔지 궁금하시죠?

자, 오늘은 토요일입니다. 삼총사가 김사랑 아저씨를 만나러 갈 준비를 하나 봅니다.

우리도 함께 따라가 볼까요? 쉿, 너무 시끄럽게 뛰면 안 돼요. 장난꾸러기 삼총사가 우리를 떼어 놓고 달려갈지 모르거든요.

밥 퍼 주는 아저씨

곧 한 사람의 범죄를 인하여 많은 사람이 죽었은즉.

− 로마서 5:15 −

오늘은 김사랑 아저씨가 무료 급식을 하는 날입니다. 삼총사가 그 행사에 빠질 수 있겠습니까? 준비, 땅! 우렁찬 신호탄과 함께 삼총사들이 김사랑 아저씨를 만나러 가네요. 자, 누가 일등으로 도착하는지 한 번 볼까요?

① 우리는 삼총사

"자, 준비됐지?"

"오케이!"

"으……응……."

오늘도 삼총사의 달리기 시합이 벌어지려나 봅니다. 삼총사가 고아원을 함께 나서는 날이면 늘 이런 광경이 펼쳐집니다.

연신 두 눈을 찡긋거리며 언제든지 용수철처럼 튕겨 나갈 것 같은 얼굴을 한 진우. 그 옆에서 입술에 침을 바르며 발그레 볼이 상기된 현수. 그리고 입술을 씰룩거리며 달리기 시합이 못마땅하다는 표정으로 서 있는 영태. 사실 영태는 달리기를 몹시 싫어합니다. 그런데 늘 진우와 현수의 등살에 못 이겨 달리기 시합을 억지로 해야 하는 것입니다.

어제 자른 머리가 마음에 안 든다며 무스를 잔뜩 바른 진우. 나란히 선 현수를 흘낏 쳐다보는 눈빛이 매섭습니다. 현수의 눈에서도 섬광처럼 번쩍 빛이 납니다. 그 순간 서로를 향해 쏘아 대는 눈빛으로 파바박! 공중전을 치릅니다. 무스로 고정시킨 머리가 바람에 날릴세라 조심스레 고개를 들며, 진우는 큰 소리로 외칩니다.

"준비, 땅!"

진우의 신호가 끝나기가 무섭게 바람을 가르며 쏜살같이 달리는 아이들. 누가 선두랄 것도 없이 진우와 현수는 번갈아 가며 앞서거니 뒤서거니 합니다. 그러나 이내 현수가 선두로 달립니다. 일등은 처음부터 자기 것이 아니라는 걸 아는 영태는 아예 느긋하게 걷기 시작합니다. 그리고 이렇게 외칩니다.

"야! 난 포기다, 포기."

영태의 목소리가 메아리가 되어 골목길을 가득 채울 무렵, 현수의 눈앞에는 큰길이 보이기 시작합니다. 현수는 어깨너머로 진우를 흘낏 쳐다보고는 전력 질주하기 시작합니다. 이윽고, 현수의 입 꼬리가 씩하고 반달을 그립니다.

"내가 1등이다!"

현수의 환호성이 채 끝나기도 전에 진우가 도착합니다. 그러고는 현수의 어깨를 툭 칩니다.

"너, 반칙했어!"

"무슨 반칙이야?"

"내가 '땅!' 하고 외치기 전에 출발했잖아!"

"내가 언제? 에이, 너 졌다고 괜히 이러는 거지? 남자답게 인정할 건 인정해야지!"

진우는 씩씩거리며 절대 인정하지 못하겠다는 표정입니다. 사실 진우는 학교 대표 육상 선수였습니다. 교내 육상 대회는 물론 학교 밖에서 이루어지는 대회에도 여러 번 출전한, 소위 달리기 짱이었지요. 그런데 전국어린이육상대회에서 진우를 뒤따르던 아이가 무리하게 앞지르려고 밀치는 바람에 다리가 꼬여 넘어지고 말았답니다. 그때 그만 발목 인대가 끊어지고 말았어요. 그 후로 진우는 육상 선수를 그만두게 되었습니다. 처음 몇 달은 달리기는커녕 걷는 것조차 힘들었답니다. 시간이 지나면서 조금씩 걷게 되고 이제 뛰는 것도 가능해졌지만, 아직 육상 선수로 나서는 것은 무리가 있었지요. 하지만 언젠가는 다시 육상 선수가 되고 말겠다는 꿈을 키우고 있답니다. 그런데 매번 현수와의 달리기에서 지는 것이 아니겠어요? 어쩐지 그 꿈이 자꾸 멀어지는 것 같아 진우는 혼자서 속병을 앓고 있었던 것입니다.

두 사람이 한참을 옥신각신 할 즈음, 언제 도착했는지 영태가 다가와 둘의 어깨를 감쌉니다.

"그러기에 달리기는 왜 하자고 한 거야?"

"이 녀석이 반칙을 했단 말이야. 너도 봤지? 응?"

진우는 마음이 영 편치 않습니다.

"너희들 자꾸만 이러면 내가 달리기 못하게 다리를 꽁꽁 묶어 둔다!"

진우의 다리를 붙들고 묶는 시늉을 하는 영태의 넉살에 진우도 그만 웃어 버립니다.

"하하하, 그만 해. 간지럽단 말이야!"

어느새 삼총사는 언제 다투었냐는 듯이 큰길 저 끝까지 들릴 정도의 큰소리로 웃어 댑니다.

"참, 지금 몇 시지?"

숨이 넘어갈 정도로 웃어 대던 현수가 갑자기 컥하고 웃음을 멈추며 두 눈을 동그랗게 뜹니다.

"으악, 늦었다! 오늘 아저씨가 빨리 와 달라고 했잖아. 야, 뛰어!"

말이 떨어지기가 무섭게 달리는 진우와 현수는 다시 달리기 시작합니다.

"또 달리기야? 이제 그만 해도 되잖아!"

저만치 달려가는 진우와 현수를 보며 영태는 그만 울상이 되어 버립니다.

② 우리의 호프, 김사랑 아저씨

"아저씨!"

공원에 들어서자마자 진우는 김사랑 아저씨를 부릅니다. 벌써
공원에 도착해서 국밥 나눠 줄 준비를 말끔하게 마친 아저씨. 오
늘따라 아저씨의 하얀 앞치마가 유난히 반짝거립니다.

"녀석들, 빨리 오라고 했더니 더 늦는 게냐?"

"빨리 오려고 했는데, 현수 녀석이 반칙을 하는 바람에 늦어졌
어요."

진우는 아직도 현수에 대한 분이 삭이지 않았나 봅니다.

"반칙이라니? 현수가 무슨 반칙을 했는데?"

"아니에요! 이 녀석이 자꾸 억지를 부리는 거예요!"

또 다시 진우와 현수가 티격태격하기 시작합니다.

"요 녀석들아 정신없다. 너희들은 항상 이렇게 우르르 몰려다니면서 정신을 쏙 빼놓는구나."

그때까지 김사랑 아저씨 옆에 가만히 서 계시던 최 씨 아저씨도 삼총사를 보고 눈을 흘기며 한마디 거듭니다.

"아저씨, 밥 주세요!"

"허허, 영태. 요 녀석 배가 고팠던 모양이구나!"

진우와 현수가 벌이는 신경전은 아랑곳하지 않고 영태는 고픈 배를 감싸 안으며 아저씨들을 보며 씩 웃습니다.

"이 녀석들아 그만 아옹다옹하고 어서 국밥부터 한 그릇씩 먹으렴. 이제 조금 더 있으면 사람들이 몰려들 거야. 그때도 이렇게 계속 싸우고만 있을 테냐?"

국통 뚜껑을 열자 김이 모락모락 나기 시작합니다. 오늘은 멸치를 우려낸 미역국이네요.

"아저씨, 오늘 누구 생일이에요?"

사실 미역국은 오래 두면 미역이 불기 때문에 웬만해서는 급식 때 끓이지 않습니다. 가끔 급식소에 자주 들리는 할머니나 할아버지 중 생일이신 분이 있으면 아저씨가 특별히 해 드리는 서비스랍니다.

"허허, 녀석 눈치가 빠르구나. 왜, 급식소에 항상 오시는 장 씨 할아버지 있지?"

"아, 예전에 베트남전에 참전했었다는 그 할아버지요? 목발을 짚고 다니는 할아버지 맞죠?"

국밥이 너무 뜨거웠는지 입에 대다 말고 얼른 물부터 마시던 현수가 장 씨 할아버지를 잘 안다는 듯 말했습니다. 장 씨 할아버지는 늘 베트남전 참전 용사라는 것이 큰 자랑거리인 듯, 입버릇처럼 말하는 분이었습니다. 삼총사는 그런 할아버지를 이해하기 힘들었답니다. 학교에서는 미국과 베트남이 싸우는데 미국의 경제적 도움을 받기 위해 우리나라가 억지로 군사를 파병한 것이라고 배웠기 때문입니다. 전쟁의 결과도 참패였으며, 더군다나 우리나라 군인들은 베트남에서 악명 높기로 소문이 날 정도였다고 했습니다. 그렇기에 베트남전 참전 용사라는 것은 그리 자랑할 만한 게 아니라고 생각했던 것입니다.

"장 씨 할아버지 생신이세요?"

한 그릇을 다 먹고도 배가 부르지 않았던지 다시 그릇을 아저씨께 내밀며 영태가 물었습니다.

"그렇단다. 한 달 전부터 오늘이 생일이라고 노래를 부르시더구나. 국밥 배급하는 날이 당신의 생일이라며 특별한 국밥을 만들어 달라고 은근히 아저씨에게 압력을 넣으시던데, 어떻게 아저씨가 안 챙겨 드릴 수 있겠니?"

"하하하, 역시 장 씨 할아버지다워요! 선물 달라고 안 하시면 다행이게요!"

현수의 말에 모두가 동의한다는 듯 박장대소를 했답니다.

12시가 되자 여기저기서 한두 명씩 급식소로 오기 시작했습니다.

"할머님, 오랜만에 오셨네요. 요즘 어떻게 지내신 거예요?"

"응, 허리를 다쳐서 꼼짝도 못했지……."

"어이구, 저런! 그래, 지금은 괜찮으신 거예요?"

"지금은 많이 좋아졌어. 그래도 구부릴 때면 아직도 많이 아파. 이러다가 좋아지겠지, 뭐……."

"할머님 조심하세요. 할머님이 오랫동안 보이지 않으셔서 얼마나 걱정이 했는지 몰라요. 집이라도 알면 찾아가 보기라도 할 텐

데……. 오늘은 할머니 집 주소를 꼭 알려 주고 가세요."

"그나저나 이것 좀 먹어 봐. 아파서 누워 있다고 옆집 사는 새댁이 부침을 좀 부쳐 왔는데 내가 김 선생 생각나서 안 먹고 싸왔지."

할머니는 낡은 잠바 품속에서 종이로 대충 싼 부침개를 꺼내 아저씨에게 내밀었습니다.

"아이고, 할머님 몸도 안 좋으신데 그냥 드시지 이걸 뭐 하러 가져오셨어요."

"아녀, 아녀. 김 선생이 얼마나 고마운 사람인데. 여기 오는 사람들 다 같은 마음이야. 내가 뭐 달리 해줄 것도 없고. 어서 들어."

부침개 하나를 놓고 김사랑 아저씨와 할머니가 실랑이하시는 동안 삼총사는 침을 꼴딱꼴딱 삼키며 부침개를 쳐다보고 있습니다. 뭐 이런 광경이야 흔한 일이랍니다. 할머니, 할아버지들은 매일 뭔가를 주섬주섬 가져오십니다. 별로 특별할 것도 없는 떡 한 조각, 다 식은 죽 한 그릇, 심지어 예쁜 돌멩이까지……. 모두 김사랑 아저씨에게 고맙다고 가져오시는 것들이에요. 그럴 때마다 아저씨는 늘 사양하고 할머니, 할아버지들은 우격다짐으로 손에 쥐어 주려고 한바탕 실랑이가 벌어진답니다.

김사랑 아저씨에게 급식소를 찾는 모든 분들은 식구나 다름없는 거죠.

"아니 웬 부침개예요? 그거 참 맛있겠네. 두 분 안 드시면 제가 먹습니다."

최 씨 아저씨가 오셔서 구겨진 종이 위에 놓인 부침개를 홀랑 집어 드십니다. 삼총사는 얄미운 듯 최 씨 아저씨를 쳐다보았습니다. 그 틈에 김사랑 아저씨는 할머니에게서 빠져나와 한 대접 국을 푸십니다. 삼총사도 아저씨 옆으로 잽싸게 달려갑니다.

"아저씨, 오늘따라 많은 분들이 오시는 것 같아요. 아마도 장 씨 할아버지가 생일이라고 급식소로 모두 초대하신 건 아닐까요?"

김사랑 아저씨의 옆에서 열심히 국을 퍼 주며 도와주던 진우의 말이 끝나기가 무섭게 목발을 짚은 장 씨 할아버지의 모습이 보이기 시작했습니다.

"에헴, 김 선생, 나왔수다!"

"할아버님 오셨어요? 오시느라고 힘드시진 않으셨고요? 자, 어서 국밥부터 드세요."

김사랑 아저씨는 정성스레 국밥을 담아 장 씨 할아버지께 드립니다. 그런데, 오늘따라 장 씨 할아버지가 좀 이상해 보입니다.

"에헴. 저, 김 선생! 에헴!"

"네, 할아버님. 왜, 국밥이 마음에 안 드세요?"

연신 헛기침을 해 대며 김사랑 아저씨를 부르는 장 씨 할아버지는 뭔가 중요한 얘기를 하려는 듯 했습니다.

"에헴, 내 생일 선물로 말이오. 에헴, 부탁 하나 들어줄 수 있겠수?"

삼총사는 서로를 쳐다보면서 킥킥거렸습니다.

"부탁이요? 할아버님 부탁이라면 물론 들어드려야지요. 매일 미역국 끓여 달라는 것만 빼고요."

"그건 걱정 마쇼. 에헴, 저 말이오. 에헴, 내 아들 녀석이 하나 있는데……. 거, 말이지…… 취직 좀 시켜 줄…… 수…… 있수?"

"취직이요?"

"거……김 선생 복지관인지 뭔지…… 하는데 말이오……. 내 언제 한 번 텔레비전에서 봤는데…… 굉장히 크던데……, 에헴!"

김사랑 아저씨의 복지관은 텔레비전이며, 신문이며, 잡지에 여러 번 소개되었답니다. 아저씨가 좋은 일을 워낙 많이 하다 보니, 여기저기서 취재를 하려고 했기 때문이었습니다.

"하하하, 그런 부탁이라면 제가 당연히 들어드려야죠. 전 또 생일 선물이라고 해서 예쁜 할머니 소개시켜 달라는 건 아닌가 걱정했네요."

"예끼, 이 양반! 내가 이래 봬도 일편단심 민들레야. 죽은 우리 할멈이 나에겐 전부야. 아무튼 고맙수. 에헴, 거 근데……. 웬 미역국이 이리 불었누. 에헴!"

삼총사는 참았던 웃음을 기어이 터뜨리고 말았습니다. 아무렴 장 씨 할아버지 성격이 어디 가나요. 부탁을 들어주겠다는 김사랑 아저씨의 말이 끝나기가 무섭게 금방 미역국 핀잔부터 하시는 걸 보면 말이죠.

③ 겸손한 아저씨

　오늘도 김사랑 아저씨가 준비한 국밥은 모두 동이 나고 말았습니다.

　"자, 얘들아. 이제 그만 정리해도 될 것 같구나. 도와줘서 정말 고맙다."

　"에이, 뭘요! 아저씨 일이라면 저희가 당연히 도와드려야죠!"

　여기저기 버려진 쓰레기를 주우며 진우는 아저씨를 향해 활짝 웃었습니다.

"맞아요! 아저씨는 정말 대단한 분이세요!"

음식 찌꺼기를 정리하던 영태도 맞장구를 쳤습니다. 이에 질세라, 국밥 그릇을 정리하던 현수도 한마디 합니다.

"김사랑 아저씨 짱이에요!"

"녀석들, 아저씨 어지럽다. 웬 비행기를 이리 태우냐?"

사실 아저씨는 지나치게 겸손하십니다. 아저씨가 하시는 일은 어느 누가 봐도 좋은 일인데, 칭찬을 할라치면 손사래부터 치십니다. 방송이나 언론사에서 아저씨에게 인터뷰를 하려고 하면 무조건 고개부터 흔듭니다.

"아닙니다. 제가 무슨 일을 했다고 그러세요? 제가 한 건 아무것도 없습니다."

하지만 방송사나 신문사는 김사랑 아저씨를 가만히 두지 않습니다. 기를 쓰고 아저씨를 찾아와서는 플래시를 팡팡 터뜨려 대며 사진을 찍어 가고, 그 다음날 신문에는 어김없이 김사랑 아저씨에 대한 기사가 실린답니다.

사실 언론에 아저씨의 얘기가 실리기 시작하면서 많은 사람들이 아저씨에게 관심을 갖게 된 것은 사실이에요. 그래서 수많은 후원금도 들어왔고요.

"자, 이제 정리가 다 된 것 같구나. 녀석들, 떡볶이 먹고 들어 갈래?"

"네!"

공원 가득 삼총사의 함성이 울려 퍼집니다. 그때였어요.

"저, 김사랑 선생님이십니까?"

"네, 제가 김사랑인데요. 누구시죠?"

"네, 저는 월간지 〈좋은사람〉의 홍정우 기자입니다. 김사랑 선생님이 얼마 전에 한 설문 조사에서 닮고 싶은 한국인 1위로 뽑히신 거 알고 계시죠? 그래서 인터뷰를……."

"허허허. 제가 무슨 닮고 싶은 인물입니까? 저보다 좋은 분들이 얼마나 많은데요. 저는 아무것도 아닌 사람입니다. 여기까지 오셨는데 죄송합니다."

오늘도 아저씨는 겸손, 또 겸손하십니다. 따뜻한 차 한 잔을 기자의 손에 꼭 쥐어 드리고는 김사랑 아저씨는 황급히 그 자리를 떠나십니다. 아쉬워하는 기자들 앞에 슬그머니 나타난 사람이 있었으니, 바로 최 씨 아저씨네요.

"하하, 이렇게 애써 오셨는데 저희 선생님께서 워낙 언론에 노출되는 걸 꺼려 하셔서……."

"그러게요. 이렇게 좋은 일 하시는데 인터뷰 좀 해 주시면 좋을 텐데……."

"험험, 그래서 말씀인데…… 제가 저희 김사랑 선생님 오른팔 같은 사람이거든요."

"네?"

"아니, 뭐…… 선생님 하시는 일이 제 일이고 제 일이 선생님 일이고 다 그런 거 아니겠습니까?"

"아, 네."

"그런 의미에서 제가 대신……."

"하하, 죄송합니다. 저희가 지금 또 다른 인터뷰를 가야 해서요. 그럼."

최 씨 아저씨의 말에 기자들은 당황한 듯 서둘러 떠났습니다. 그 모습을 지켜보는 최 씨 아저씨의 낯빛이 왠지 좋지 않아 보였답니다. 이 광경을 지켜보던 삼총사는 슬그머니 김사랑 아저씨에게로 달려가 투덜거립니다.

"아저씨, 그냥 인터뷰 하시지 그래요? 닮고 싶은 사람 1위라잖아요!"

"그래요! 지난번에 아저씨가 신문 기사에 났을 때 친구들한테 아저씨랑 친하다며 뽐냈단 말이에요! 친구들이 얼마나 부러워했는데요."

"지금이라도 빨리 그 기자 아저씨 불러요. 그래야 아저씨 복지관도 더 많이 알려지고, 아저씨 팬도 생기고 얼마나 좋아요?"

"최 씨 아저씨가 아저씨 대신에 인터뷰하고 싶어서 저러시잖아요!"

삼총사는 김사랑 아저씨의 옷자락을 부여잡고 떼를 쓰기 시작했답니다.

"이 녀석들아, 아저씨가 하는 일을 죄로 만들고 싶으냐?"

④ 우리는 모두 죄인

삼총사는 두 눈을 동그랗게 뜨고는 아저씨를 한참 동안 바라볼 뿐 아무 말도 하지 못했답니다. 아저씨가 방금 한 말이 무슨 뜻인지 전혀 몰랐기 때문이지요.

"죄, 죄라고요? 아저씨가 한 일이 왜 죄예요? 아저씨같은 사람에게는 대통령이 이만큼 상을 줘도 모자라요!

영태는 자신의 덩치보다도 더 큰 원을 그렸습니다. 그리고 더 크게 그리지 못한 것이 못내 아쉬운 듯 김사랑 아저씨를 바라보았습니다.

"얘들아, 너희들 고아원에는 조금 늦게 들어가도 되니? 그래, 원장님께는 내가 전화해두마. 아무래도 오늘 너희들에게 얘기를 꼭 해 줘야 할 것 같구나."

"무슨 얘기요?"

삼총사는 누가 먼저랄 것도 없이 동시에 말했습니다.

"자, 먼저 아저씨 사무실로 가자구나. 일단 이 급식기들을 정리해야 하지 않겠니?"

공원에서 김사랑 아저씨 복지관까지는 삼십여 분. 복지관으로 가는 내내 아저씨는 검은색 표지로 둘러싸인 성경을 계속 읽었습니다. 삼총사는 그런 김사랑 아저씨를 멀뚱멀뚱 쳐다볼 뿐 조용히 앉아 있었습니다.

아저씨의 사무실은 언제나 그렇듯 많은 사람들로 북적거렸습니다. 복지관 직원은 얼마 되지 않습니다. 매일 도움을 청하는 사람들로 발길이 끊이지 않았던 것이지요.

김사랑 아저씨는 사무실로 돌아온 후 급한 일들을 먼저 처리하고는, 삼총사를 앞에 앉히셨습니다.

"얘들아."

"네!"

아저씨의 입에서 삼총사를 부르는 말이 나오자마자 삼총사는 사무실이 떠나갈 듯 큰 소리로 대답했습니다. 그러고는 이내 아저씨 앞으로 바싹 다가갔지요. 삼총사는 김사랑 아저씨의 입에서 '죄'라는 말이 나온 그 이후부터 몸이 근질근질해서 안달이 날 지경이었습니다. 대체 아저씨가 하려고 하는 말은 무엇일까요?

"너희들 예수님을 알고 있니?"

"그럼요! 오래전이긴 하지만 교회에도 가 본 적이 있는 걸요! 그런데 그건 왜 물으세요?"

아저씨는 두 눈을 연신 깜빡대며 고개를 갸웃거리는 현수의 머리를 한 번 쓰다듬더니 계속 말씀을 이어 가셨습니다.

"예수님의 가르침을 모아 놓은 것이 바로 성경인데, 성경은 이원론적인 사고를 한단다. 즉, 신과 인간을 나누어 설명하고 있지. 여기서 신은 하나님을 말하는 거란다. 성경에서는 하나님이 인간을 비롯한 온 세상을 창조하였으며, 그렇기 때문에 인간은 하나님의 뜻에 따라 살아야 함을 강조하고 있단다."

삼총사는 조용히 아저씨의 말을 경청했습니다.

"그런데 최초의 인간이었던 아담이 하나님의 뜻을 어기는 사건

이 일어났어. 너희들도 아담을 알고 있지?"

"알죠."

"그래, 성경을 보면 아담은 최초의 사람이었다고 기록되어 있단다. 그런데 하나님이 아담을 만들 때 이 세상의 모든 것을 누리며 살라고 말씀하셨지. 그런데 딱 하나 선과 악을 알게 되는 선악과는 먹지 말라고 당부하셨단다."

"저, 그다음 얘기는 알아요! 아담의 아내였던 이브가 뱀의 꼬임에 넘어가 선악과를 먹게 되었고, 그다음에는 아담이 이브의 꼬임에 넘어가 선악과를 먹게 된 거죠!"

현수는 마치 퀴즈 문제의 정답을 맞힌 아이처럼 들떠 있었습니다.

"그래, 잘 아는구나. 아담이 하나님과의 약속을 어기고 선악과를 먹자 하나님은 벌을 내리셨단다. 그것은 바로 하나님으로부터 인간이 멀어지게 하는 벌이었단다. 하나님과 인간이 멀어진다는 것은 아주 무서운 벌이었지. 왜냐하면 인간은 하나님이 창조했고, 하나님의 뜻에 따라 살아야 하는데 멀어지게 만들면 어떻게 되겠니? 인간은 신의 뜻을 알기 점점 힘들어질 테고, 결국 인간은 신의 뜻에 따라서 사는 것이 아니라 자신의 욕심이나 이기심으로 살아가게 되는 것이지."

아저씨의 얘기를 듣던 현수는 무엇이 궁금했는지 고개를 갸웃거리다가 물어보았어요.

"근데, 선악과가 대체 무엇이기에 하나님은 먹지 말라고 한 거예요? 그리고 과일 하나 먹었다고 죄인으로 벌을 주는 건 너무 심하잖아요! 난 과일을 백 개도 더 따 먹었는데."

"허허! 그래, 그렇게 생각할 수도 있지. 과일 하나가 뭐 대수라고 벌까지 내렸을까? 자, 선악과는 바로 선과 악을 알게 하는 과일이라고 했지? 선과 악을 안다는 것은 바로 하나님과 같은 능력을 갖게 된다는 말과 같은 거란다. 성경 중 창세기라는 부분을 보면, 처음 뱀이 이브에게 선악과를 먹으라고 하면서 뭐라고 한 줄 알아?"

"맛있으니까 너도 먹어 봐, 그랬겠죠?"

역시 영태다운 말입니다.

"하하하, 뱀은 이브에게 '이 과일을 먹으면 너도 하나님처럼 된다'고 말했단다. 이 말에 솔깃한 이브는 선악과를 먹게 되었고, 또 아담도 먹게 만든 거지. '하나님처럼 된다'는 말은 다른 말로 교만을 뜻하는 거란다. 인간이 신의 피조물이라는 사실을 무시하고 신과 동등한 위치에 오르려는 것, 그것이 바로 죄였던 거야."

"아, 그러니까 이브와 아담이 선악과를 따 먹은 건, 그저 과일이 먹고 싶어서가 아니라 하나님과 동등한 위치에 있고 싶어서 따 먹은 거란 말이죠?"

이제야 이해가 간다는 듯 현수는 무릎을 탁 치며 말했습니다.

"그래, 그렇단다. 신과 같은 위치에 오르고자 하는 것, 그것이 바로 죄란다. 그런데 말이다, 아담이 저지른 죄가 아담만으로 끝난 것이 아니란다. 아담이 저지른 죄를 원죄라고 하는데, 인간은 태어날 때부터 원죄로부터 자유로울 수 없다고 성경에 기록되어 있단다. 즉, 아담이 저지른 죄로 인해서 인간은 하나님과 멀어지는 벌을 받게 되었고, 그 이후부터는 모든 인간은 태어나면서 원죄를 안고 태어나게 된 것이지. 그래서 예수는 모든 인간은 다 죄인이라고 했단다."

"그런데, 아저씨가 봉사를 하는 게 왜 죄예요?"

"허허, 녀석. 봉사하는 것은 죄가 아니지. 그런데 애들아, 아저씨가 만약 정말 남을 도와주고 싶어서 봉사를 하는 것이 아니라 그 봉사를 통해 남들로부터 존경을 받고, 그로 인해 아저씨가 잘났다고 생각하게 된다면 어떻게 될까?"

"아! 교만, 그게 교만이구나!"

영태도 이제야 감을 잡았다는 듯 손뼉을 탁 치며 말했다.

"그렇지! 아저씨가 만약 부와 명예를 얻기 위해 봉사한다면 교만해질 수밖에 없었겠지. 이제 아저씨의 마음을 알겠니?"

"치, 말도 안돼요! 태어나면서부터 다 죄인이라고요? 갓난아이가 뭘 안다고 죄인이에요? 난, 죄 없어요! 아주 깨끗하다고요!"

잠자코 듣고 있던 진우가 갑자기 화를 냈습니다. 얼굴은 이미 벌겋게 달아올라 있었고, 더 이상 얘기도 듣기 싫다는 표정이었습니다.

"허허, 그래 자신이 죄인이라고 하는데 어느 누가 듣기 좋다 하겠니? 아이코, 늦었구나. 원장 선생님이 저녁 먹기 전까지는 꼭 들여보내 달라고 했는데 벌써 시간이 이렇게 되었네. 어서들 가거라. 호랑이 원장 선생님이 혼내시면 어떡하냐?"

"으악, 그럼 안 되죠!"

삼총사는 서둘러 복지관을 나섰습니다. 그런데 가는 내내 삼총사의 머릿속에는 저마다 물음표가 하나둘 생겼습니다.

그날 밤, 진우는 한참을 뒤척이다 겨우 잠이 들었습니다. 파란 대문, 기억하기도 싫은 파란 대문이 저 앞에 아른거리기 시작했습니다.

"가기 싫어…… 가기 싫어……."

진우는 자신의 걸음이 자꾸만 그 파란 대문 앞으로, 한 걸음 한 걸음 나아갈 때마다 안간힘을 썼습니다. 결국 진우가 파란 대문 앞에 다다르자 문이 스르르 열리기 시작했습니다. 그 문 사이로 웅성거리는 소리가 들렸고, 목소리의 주인공들이 보이려는 순간 진우는 자리에서 벌떡 일어났습니다.

　"으악!"

　진우의 온몸에 깨알만한 소름이 돋았습니다. 진우는 마치 넋이 나간 사람처럼 중얼거렸습니다.

　"난 죄인이 아니야! 아니란 말이야!"

기독교에서 말하는 죄란 우리의 의지와 무관하게 모든 사람이 본래부터 가진 죄입니다. 그런 죄를 '원죄'라고 합니다. 인간이면 누구나 가진 원죄는 인간의 힘만으로는 벗어날 수가 없는 것이 큰 특징입니다. 그런데 우리 동양적 사고 체계에는 이런 원죄 개념이 없습니다. 만일 서구 기독교가 이질적으로 느껴지는 사람이 있다면, 그것은 바로 기독교의 출발이 되는 원죄가 생소하기 때문입니다. 그만큼 기독교에서 죄의 개념은 중요합니다.

교황 중에서도 많은 업적을 남긴 그레고리우스 대교황(590~604)은 수많은 죄들을 모두 검토한 후에 가장 궁극적인 죄를 다음의 일곱 가지로 정리했습니다. 교만, 분노, 질투, 부정, 탐욕, 나태, 허영. 이 일곱 가지 죄가 성서의 어느 한곳에 일목요연하게 기록되어 있지는 않지만, 성서 전체를 통해서 주의 깊게 검토해서 내리게 된 결론입니다. 이 일곱 가지 죄 중에서도 으뜸인 죄는 바로 교만입니다. 그리고 그것을 아는 것은 기독교의 사상 체계를 이해하는 핵심입니다. 교만이 바로 인간의 원죄에 해당하는 성서의 설명과 일치하기 때문입니다.

흔히 인류가 최초로 범한 범죄를 아담과 이브가 선악과(먹으면 선과 악을 구분할 줄 아는 능력이 생기는 과일)를 따 먹은 일이라고 합니다. 물론 먹지 말라는 하나님의 지시에도 불구하고 뱀으로 상징되는 악마의 유혹에 빠졌기 때문입니다. 그런데 한 번 생각해 보세요, 선악과를 먹음으로써 지혜를 갖게 되는 일이 왜 그토록 위험한 일인가를……. 그것은 인간이 스스로 판단할 수 있는 능력을 갖게 된다는 것이고, 하나님에게 의존할 필요를 느끼지 않게 된다는 뜻입니다. 여기서 위험한 교만(자기 높임)이 싹틉니다. 단순하게 하나님과 멀어지는 것이 아니라 자칫하면 인간 스스로가 하나님 행세를 하게 되기 때문이지요. 성서는 인류의 최초 조상이 이미 그 죄를 지었다는 것이고, 그것이 바로 원죄의 숨은 뜻입니다.

기독교에서는(물론 예수님 생각은) 교만이라는 죄에서 비롯된 '하나님과의 멀어짐'은 인간이 이를 수 있는 가장 큰 죄임과 동시에 하나님이 인간에게 내릴 수 있는 가장 큰 벌이기도 합니다. 흔히 말하는 타락이라는 것도 바로 '하나님과 멀어짐'인 것입니다. 대교황 그레고리우스가 정리한 교만 이외의 여섯 가지 죄들도 모두 '하나님과의 멀어짐'을 지속시키거나 심화시키는 '끝없는 인간 욕구'들입니다.

착한 어린이 프로젝트

너희가 그 은혜를 인하여 믿음으로 말미암아 구원을 얻었나니
이것이 너희에게서 난 것이 아니요 하나님의 선물이라.

– 에베소서 2:8 –

아저씨로부터 우리는 모두 죄인이라고 들은 삼총사. 겁이 나기 시작합니다. 어떻게 하면, 그 죄를 용서받을 수 있을까? 현수와 영태는 머리를 맞댑니다. 오회! 멋진 프로젝트가 완성되었는 걸! 과연 이 프로젝트라면 죄를 용서받을 수 있는 걸까요?

① 내 일기장 내 놔!

"야, 너 거기 안 서?"

"얼레리 꼴레리! 얼레리 꼴레리! 영태는 누구누구를 좋아한대요, 좋아한대요!"

"너, 잡히면 가만히 안 둬!"

아침부터 영태가 잔뜩 열이 올라 있습니다. 눈에 낀 눈곱도 채 떼지 않고 현수를 쫓으며 고래고래 소리를 지르고 있네요. 아마도 현수가 영태의 비밀스런 부분을 알게 된 것 같습니다.

"으하하하! 앙큼한 녀석이 지금까지 진우와 나를 감쪽같이 속였던 거야!"

"내가 속이긴 뭘 속여?"

현수 뒤를 쫓던 영태는 더는 못 쫓겠다는 듯 숨을 헐떡거리며 멈췄습니다. 이마에 송골송골 맺힌 땀방울들을 쓰윽 닦아 내며 영태는 거친 숨을 고르기 시작합니다.

"이 형한테 다 맡겨. 내가 혜진이한테…….."

"너, 원장 선생님께 저번에 창문 깬 거 너라고 얘기할 거야!"

현수의 말이 채 끝나기도 전에 영태는 매섭게 현수에게 쏘아붙였습니다.

"야! 사내대장부가 고자질이 뭐야?"

"치! 그럼 사내대장부가 남의 일기장 훔쳐보는 건 괜찮냐?"

"치사하기는. 내가 잘못했다!"

"뭐라고? 치사하다고?"

"아침부터 왜 이렇게 시끄러워? 나 새벽에 잠들었단 말이야. 아함!"

현수와 영태가 한바탕 벌이는 소란에 잠이 깼는지 진우가 졸린 눈을 비비며 일어났습니다. 머리는 까치 몇 마리가 둥지를 틀어도 될 정도로 뒤죽박죽입니다. 어젯밤 내내 만화에 빠졌던 것이 틀림 없습니다.

"진우야, 있지. 영태가 혜진이 좋아한대!"

"뭐? 김혜진? 으하하하!"

얼굴 가득 고여 있던 잠이 순식간에 사라지며 진우는 배꼽이 빠져라 웃어 댑니다.

"야, 고영태! 만날 혜진이가 깍쟁이니, 새침데기니 하며 흉보더니 혜진이를 좋아한다고?"

진우는 터진 웃음을 주체하지 못하고 아예 바닥에 주저앉아 버리고 맙니다. 혜진이는 영태와 같은 반 친구이지요. 공부도 잘할 뿐만 아니라, 성격도 활발해서 인기가 좋은 친구랍니다. 그런데 어떻게 된 일인지 영태는 늘 이러쿵저러쿵 혜진이 흉을 봤던 거예요. 그런데 알고 보니 영태가 혜진이를 짝사랑한 거지 뭐예요?

"너희들 정말…… 이럴 거야? 너무해. 으앙!"

"헉, 영태야! 그렇다고 우는 거야? 미안해, 미안해."

결국 영태가 울음을 터뜨리고 말았습니다. 이제 큰일 났습니다. 영태의 울음은 여간해서는 멈추게 할 수 없기 때문입니다.

"으아앙! 너희들은 친구도 아니야!"

"영태야, 미안해! 에이, 장난친 건데……. 이러다 원장 선생님 오시면 우리 모두 벌 받는단 말이야."

현수는 복도 끝에 난 문을 흘낏 쳐다봅니다. 현수는 영태가 걱정이 되기보다는 원장 선생님이 오시는 게 더 무서운가 봅니다.

"아이 참, 원장 선생님 오신다니까! 그만 울어."

"엉엉, 원장 선생님 오시면 다 이를 거야! 엉엉!"

"알았어! 내가 네 소원 다 들어줄게. 용서해 줘! 아, 맞다! 너 내일까지 수학 숙제해야 한다고 했지? 그거 내가 다 해 줄게! 응?"

온 세상이 다 무너진 것처럼 울어 대던 영태가 갑자기 울음을 뚝 그쳤습니다. 현수가 제시한 조건이 마음에 들었나 봅니다.

"뭐, 수학 숙제? 정말이야?"

"약속할게! 자, 손가락 걸어. 나, 이래 봬도 의리파잖아. 약속한 건 반드시 지키는 거 몰라? 자, 어서 새끼손가락 이리 내."

현수는 눈물, 콧물로 범벅이 된 영태의 손을 잡아당겨 새끼손가락을 걸고 약속합니다. 도장을 꾹 찍는 것도 잊지 않습니다.

"이제 용서해 주기다! 알았지?"

"응."

언제 울었냐는 듯 금세 환해지는 영태의 얼굴. 사실 영태는 수학

이 세상에서 가장 싫습니다. 덧셈, 뺄셈, 곱셈, 나눗셈 이외는 뭐가 뭔지 이해하기 어려웠습니다. 분수가 뭔지, 웬 도형은 그리도 많은지, 도형마다 넓이며, 부피며, 왜 이렇게 재 보아야 할 것은 많은지……. 영태는 수학 시간만 되면 달나라 별나라에 와 있는 듯합니다. 그런데, 그 수학 숙제를 현수가 해 주겠다는 게 아니겠어요? 현수 녀석은 다른 건 몰라도 수학만은 척척박사입니다. 더울다가는 수학 숙제는커녕, 차라리 원장 선생님께 매를 맞고 말겠다고 할 녀석입니다.

"어이구, 고영태! 내가 졌다, 졌어! 너 울다가 웃으면 어떻게 되는지 알지? 잠잘 때 내가 엉덩이 확인할 거야!"

"치, 네가 나한테 죄 지은 거잖아! 용서해 준 것도 고맙게 생각해야지!"

"죄? 이게 무슨 죄야?"

"과일 따 먹은 것도 죄라고 했어!"

"참나, 과일 따 먹은 게 죄가 아니라 과일을 따 먹어서 신과 같아지려고 한 게 죄인 거지!"

현수와 영태가 또다시 싸울 태세입니다.

"그만들 해! 그리고 죄는 무슨 죄야! 자꾸 죄, 죄, 하지 마!"

진우는 현수와 영태를 말리려다 말고, 두 주먹을 꽉 쥐고는 버럭 소리를 질렀습니다. 현수와 영태는 깜짝 놀라 뒷걸음치며 진우를 조심스럽게 바라보았지요. 김사랑 아저씨가 '죄'에 대해서 얘기 하던 날, 분명 그날이었습니다. 진우는 변해있었습니다. 무엇이 진우의 마음을 힘들게 하는지, 현수와 영태는 알지 못했습니다.

② 착한 어린이가 되자!

"고영태, 다했어."

영태가 했더라면 저녁이 다 되어도 못 끝냈을 법한 산수 숙제를 현수는 한 시간 만에 뚝딱 끝내 버렸습니다. 현수가 영태의 코앞으로 숙제 노트를 들이대자 영태는 씩 웃습니다. 그리고는 또 장난질을 합니다.

"내가 네 죄를 사하노라."

영태는 언젠가 드라마에서 보았던 한 장면을 떠올리며 현수의 머리 위로 손을 얹었습니다.

"자, 이제 됐어. 네 죄가 모두 사해졌어."

"고맙습니다요."

현수와 영태는 서로를 보며 깔깔 웃어 댑니다. 두 악동의 웃음이 점점 옅어질 무렵, 현수의 눈은 무언가 생각이 난 듯 광채를 띄기 시작했습니다.

"빙고! 그거야, 그거!"

"엥? 무슨 소리야?"

"영태야, 넌 예수가 우리를 보고 모두 죄인이라고 했을 때 어떤 생각을 했냐? 그 뭐냐, 맞다! 원죄 말이야! 그래서 갓 태어난 아이도 모두 죄를 갖고 태어난다고 했잖아."

"음, 글쎄…… 언젠가 무서운 사람이 나타나서 나에게 수갑을 채우고는 '고영태, 넌 죄인이야!' 하고 끌고 갈지 모른다는 생각?"

영태는 머리를 긁적이며 무척 진지하게 말했습니다.

"역시 우리 영태는 상상력이 풍부해! 아무튼, 죄인은 그냥 놔둘 수 없는 거잖아. 그에 대한 처벌이 반드시 있을 거 아냐? 그래서 이 현수님께서 생각을 해 보았지. 원죄를 해결하는 방법!"

"그게 뭔데?"

"이름 하야, 착한 어린이 프로젝트! 있지 잘 봐, 내가 네 일기를 훔쳐본 죄를 저질렀을 때, 네 숙제를 대신 해 주면서 내 죄를 용서 받았잖아. 그러니까 우리가 원죄를 해결하려면 매일 착한 일을 하는 거야. 그러면 그 원죄도 조금씩 용서를 받으면서 나중에는 싹 사라지는 거지. 어때?"

"오, 그럴 듯한데?"

"하하하, 김사랑 아저씨도 착한 일 많이 하시잖아. 그게 다 원죄를 용서받으시려고 하는 거 아닐까? 오늘부터 착한 일하기 프로젝트 시작한다!"

현수도 영태도 그날 김사랑 아저씨의 집을 나서면서 떠올렸던 물음표 때문에 사실 골치가 좀 아팠던 것입니다. 그 물음표에 대한 정답을 스스로 찾은 것 같아 현수와 영태는 서로를 보며 씩 웃어 보입니다.

"진우야! 너도 함께 해야지. 빨리 와!"

아까 화를 내고 난 후, 진우는 방 모서리에 콕 틀어박혀 꼼짝도 안 하고 있었던 겁니다.

"진우야, 같이 안 할 거야?"

"싫어! 니들이나 해!"

진우는 아예 방바닥에 벌러덩 누워 버렸습니다.

"치, 싫음 하지 마!"

현수는 그런 진우를 이해하지 못하겠다는 표정을 지으며 고개를 홱 돌렸습니다.

현수와 영태는 머리를 맞대고 무언가를 모의하기 시작했습니다. 커다란 종이에 뭔가를 쓱쓱 써 내려가며 쑥덕쑥덕, 깔깔깔, 꿍짝꿍짝 하는 모습이 영락없이 작당 모의로 보입니다.

"자, 어때?"

"좋았어!"

현수와 영태는 하이파이브를 해대며 신이 났습니다. 현수는 자신의 키보다 더 큰 하얀 종이를 펄럭이며 벽에 붙이고는 이렇게 외쳤습니다.

"자, 오늘부터 시작하는 거야. 나가자!"

우당탕탕 뛰어나가는 현수와 영태 뒤로 벽에 붙은 하얀 종이가 펄럭입니다.

<착한 어린이 프로젝트>

1. 목적

착한 일을 많이 하여 우리 죄를 용서 받는다.

2. 방법

하루에 세 가지씩 착한 일하기

3. 진행 방법

착한 일, 한 건마다 5점씩 점수가 주어진다. 하루에 세 가지씩 착한 일을 해야 하는데, 만약 하루에 다섯 가지 이상 착한 일을 하면 더하기 2점, 일곱 가지 이상하면 더하기 4점, 열 가지 이상 하면 더하기 5점이 된다. 만약 세 가지를 채우지 못하면 2점 감점 된다.

4. 결과

매주 점수를 더하여 가장 점수가 높은 사람의 소원을 들어준다.

♠점수표

	1	2	3	4	5	6	7
김현수							
고영태							

진우는 현수와 영태가 나가자 자리에서 일어났습니다. 그러고는 현수와 영태가 붙여 놓은 '착한 어린이 프로젝트'를 한참 동안 바라보았습니다.

"쳇, 이게 다 뭐야! 죄를 지어야 용서를 받는 거 아니야? 착한 일 안 해도 난 착해! 난 도둑놈이 아니야!"

진우는 그날의 기억이 다시 되살아난 듯 온몸을 부르르 떨었습니다. 그러고는 저만치 뛰어가는 현수와 영태의 뒷모습을 그저 쳐다보기만 했습니다.

③ 착한 일로는 안 돼요!

"으하하, 오늘은 내가 이겼지? 너, 각오해!"

집으로 돌아오기가 무섭게 현수와 영태는 오늘 수행한 착한 일을 조목조목 적기 시작했습니다. 현수는 오늘 다섯 개나 착한 일을 했다며 으스대는 것이 아니겠어요? 현수의 착한 일 목록을 한참 쳐다보던 영수는 기가 막히다는 듯 소리를 질렀습니다.

"야, 개똥 치운 게 무슨 착한 일이야?"

"참 나, 생각해 봐라. 네가 만약 길을 걷고 있는데 개똥을 밟았어. 그럼 기분이 어떻겠냐? 나쁘겠지? 그러니까 이게 착한 일이지! 안 그래?"

"이건 또 뭐야? 길가에 버려져 있는 강아지를 한 번 쓰다듬어 주었다?"

"길가에 버려진 개가 얼마나 슬프겠냐. 내가 주인을 찾아 주는 건 너무 힘든 일이고, 그래도 머리라도 쓰다듬어 주면 개가 마음이라도 따뜻해지지 않겠냐?"

"개가 마음이 따뜻해지는지 그걸 어떻게 알아? 나 원 참, 그게 착한 일이면 난 오늘 착한 일 백 번은 했겠다!"

"억울하면 너도 다 써. 그런 너는 무슨 착한 일을 했기에?
으하하하! 뭐야 이게? 혜진이의 지우개를 주워 주었다."

"치, 그래도 네가 한 건 착한 일이라고 할 수 없어! 넌 오늘 착한 일을 하나도 하지 않았어! 빵 개야, 빵 개!"

영태는 얼굴을 붉히며 현수에게 소리쳤지요. 그러나 현수는 아랑곳하지 않았답니다.

"치, 관둬라, 관둬!"

현수는 영태를 향해 혀를 날름거리며 자리에서 일어났습니다. 그때였어요.

"얘들아, 너희들 방에 있니?"

앗, 이 목소리는? 김사랑 아저씨? 현수는 후다닥 뛰어가 방문을 활짝 열었습니다.

"아저씨!"

"녀석들, 다들 방에 있었구나!"

하얀 앞치마 대신 말끔하게 양복을 입은 아저씨. 머리도 말쑥하게 빗어 올린 모습이 어디 좋은 데 다녀오신 게 분명했습니다. 여느 때 같으면 누구보다 반갑게 달려가서 아저씨의 품에 폭 안겼을 진우가 뒤쪽에서 머쓱하게 서 있었습니다.

"아저씨, 선보셨어요?"

궁금해 죽겠다는 듯한 표정으로 현수가 물었지요.

"으흠, 으……응?"

"으하하하, 아저씨 얼굴 빨개졌대요!"

김사랑 아저씨의 얼굴은 한여름에 핀 장미처럼 발그레 붉어져 갔습니다.

"원, 녀석들, 그래! 아저씨 선봤다! 왜, 아저씨는 선보면 안 되냐? 어험."

김사랑 아저씨는 쑥스러움을 애써 감추려는 듯 헛기침을 계속

해 대셨습니다.

"헤헤헤, 안 되기는요! 아저씨 얼른 장가가셔야죠! 저는 지금이라도 당장 장가가고 싶은걸요?"

영태는 그 순간 혜진이가 생각났던지 자기도 모르게 신이 나서 불쑥 장가가고 싶다는 말을 해 버렸습니다.

"오, 우리 영태. 여자 친구가 생긴 모양이지?"

아저씨는 영태를 보면서 윙크를 하고는 다시 말씀을 이어가셨습니다.

"사실, 우리 복지관에 아동문학전집이 기증되었지 뭐니. 너희들 생각이 나서 그것 주려고 들렀단다. 엥? 근데, 저건 뭐냐? 착한 어린이 프로젝트!"

김사랑 아저씨는 두 눈을 동그랗게 뜨고는 벽으로 가까이 갔습니다.

"하루에 세 개씩 착한 일하기……. 허허, 이게 대체 뭐냐?"

"아, 이거요? 모두 이 현수 님의 머리에서 나온 거랍니다. 왜, 아저씨가 저번에 그러셨잖아요. 인간에겐 원죄라는 것이 있다고."

"내가 그런 것이 아니라 예수님이 그랬다는 거지."

"암튼요! 그래서요, 평생 죄인으로 살아갈 수 없잖아요. 어떻게 하면 용서를 받을 수 있을까 생각하다가 이 프로젝트를 생각한 거예요!"

현수는 자신이 얼마나 골똘히 고민했는지 자랑하는 듯 어깨를 으쓱하며 다시 말을 이어나갔습니다.

"바로 착한 일하는 거요! 아저씨도 태어날 때부터 죄인이었지만 착한 일을 많이 해서 분명 그 죄를 모두 용서받았을 거예요. 그래서 저희도 이제 착한 일을 많이 하기로 한 거예요."

현수는 착한 어린이 프로젝트가 생긴 이유에 대해서 열변을 토하고는 아저씨를 바라보았죠. 아저씨가 무슨 말을 하실지 귀를 쫑긋 세우며 기다렸어요. 그런데 아저씨가 하시는 말씀은 사뭇 엉뚱했어요.

"허허허, 수고들 했구나! 하지만 착한 일을 한다고 모든 죄가 다 용서되는 건 아니란다."

"네에?"

현수는 무언가로 머리를 한 대 맞은 것처럼 어안이 벙벙해졌어요. 머리 위로 새가 삐요삐요 날며 비웃는 것 같았답니다. 벽에 붙여 놓은 착한 어린이 프로젝트가 그다지 중요한 게 아니라니, 마른하늘에 웬 날벼락?

④ 신의 은총

"그래도 내가 한 말을 너희가 흘려들은 건 아니어서 다행이로구
나. 그래, 지난번에 원죄에 대해서 얘기를 했었지? 잘됐구나. 이
렇게 온 김에 오늘은 그 원죄를 어떻게 해결해야 되는 건지 얘기
해 주도록 하마."

현수와 영태는 아저씨 앞으로 바싹 다가갔습니다.

"진우야, 넌 안 들을 테냐? 너도 이리로 오렴."

김사랑 아저씨는 멀찌감치 뒤에 앉은 진우를 불렀답니다.

"여기서도 다 들려요. 그러니 신경 쓰지 마세요!"

진우의 퉁명스러운 대답에 갑자기 주위가 고요해지는 듯했습니다.

"원 녀석. 그래 그럼 아저씨가 목소리를 좀 더 크게 해서 얘기하지 뭐."

아저씨는 진우를 흘깃 쳐다보았습니다. 진우의 마음이 왜 저렇게 싸늘하게 식었는지, 사실 아저씨는 알고 있었습니다.

"지난번에 얘기했을 때 말이다, 예수는 신과 인간을 엄격하게 구분한 이원론적 사고를 한다고 했었지? 이것은 다시 말해서 신은 신대로의 역할이 있고, 인간은 인간대로의 역할이 있음을 뜻하는 거란다. 자, 그렇다면 말이다. 우리의 원죄를 용서해 주는 것은 누구의 역할이겠니?"

"당연히 신의 역할이겠죠!"

현수가 손을 번쩍 들면서 큰 소리로 대답했어요.

"옳거니, 그렇지! 그것은 바로 신의 역할이란다. 그렇다면 답이 좀 분명해지지 않니? 용서라는 것은 신의 몫인데, 인간이 그 신의 영역을 좌지우지할 수 있을까? 안 된단다. 용서라는 것은 온전히 신의 영역이기 때문에 감히 인간이 침범할 수 없는 것이지. 그렇기 때문에 원죄를 용서받는 것은 인간의 어떤 노력에 의해서

'얻어지는' 것이 아니라 절대적으로 신이 인간에게 '주는' 것이
란다."

현수와 영태는 고개를 끄덕거렸습니다. 그러나 당연히 또 하나
의 물음표가 생겼겠지요? 이번에는 영태가 손을 번쩍 들더니 아
저씨께 물었습니다.

"그럼, 신은 인간에게 어떻게 주는 건데요?"

"예수는 인간이 할 수 있는 것은 '오직 믿음'으로 죄를 용서받는
일이라고 했단다. 그렇다면 무엇을 믿는 것일까? 옛날 유대인들은
말이다. 자신의 죄를 용서받기 위해서 치렀던 의식이 있었단다.
바로 자신의 죄를 양에게 모두 전가한 후, 그 양으로 신께 제사를
드리는 것이지. 그렇게 함으로써 자신의 죄를 모두 용서받았다고
생각했지. 너희들 예수가 십자가에 못 박혀 죽은 것 알고 있지?"

"그럼요!"

"이것은 말이다, 마치 양이 한 사람의 죄를 떠안고 죽었던 것처
럼, 예수가 모든 인류의 죄를 떠안고 죽음으로써 인류의 모든 죄
를 용서하는 과정이었단다. 자, '오직 믿음으로'라는 것은 예수가
우리의 죄 때문에 죽었다는 것을 믿는 것을 말하지. 이것을 믿는
사람만이 죄를 용서받을 수 있다는 거란다. 이렇게 죄를 용서받는

것을 '구원'이라고 한단다."

"어? 아까 죄를 용서해 주는 것은 전적으로 신의 영역이라고 했잖아요. 근데 '믿음으로' 용서해 준다는 건 인간이 믿는 노력을 했기 때문에 용서해 주는 거 아닌가요?"

"오, 역시 현수는 똑똑하구나! 자, 끝까지 들어 보렴. 믿는 것 또한 인간의 의지만으로 가능한 것이 아니란다. 이 믿게 되는 과정에 바로 신이 개입하지. 신이 인간의 마음에 그것을 믿게끔 해주는 마음을 불어넣어 주는 것이란다. 이것이 바로 신의 은총이라는 거다. 이 은총이 없으면 우리는 이것을 믿을 수 없게 되는 거다. 은총이란 선물과도 같은 것이지. 선물은 말이다, 주고 싶은 사람의 마음이 있어야만 받을 수 있는 거지? 은총도 그런 거란다. 전적으로 주는 자인 신의 권한인 거지."

현수와 영태는 김사랑 아저씨의 눈 속으로 빨려 들어갈 듯 열심히 들었답니다. 역시, 김사랑 아저씨는 아는 것이 참 많습니다. 그런데 그때였어요. 잠자코 듣고만 있던 진우가 불쑥 질문을 하는 것이 아니겠어요?

"에이, 믿기만 해도 된다면, 착한 일 같은 것은 안 해도 되는 거네요! 죄만 짓고 살다가 죽기 전에 믿으면 되겠네요. 뭐가 그래

요?"

"이야, 우리 진우가 안 듣고 있는 줄 알았는데 다 듣고 있었구나. 그리고 어떻게 이렇게 딱 꼬집어서 좋은 질문을 던지냐?"

진우는 여전히 관심없다는 표정입니다. 아마 이 질문 역시 자신도 모르게 툭 튀어나온 듯합니다.

"그래, 모든 사람이 이것 때문에 고민을 하는 거란다. 착한 사람과 나쁜 사람이 있는데 착한 사람은 믿지 못하고, 나쁜 사람은 믿는 다면 누가 죄를 용서받을까? 하하하, 그러나 걱정하지 말거라. 예수의 가르침이 있는 성경을 보면 이렇게 쓰여 있지. '믿음에 행동이 따르지 않으면 그런 믿음은 죽은 것이다.' 즉, 구원이나 죄의 용서는 반드시 신의 은총이 있어야만 가능한 거지. 그러니 그 후에는 반드시 자신의 믿음에 따라서 행동해야 하는 거란다. 그러니까 믿음과 실천은 별개의 것이 아니란다. 진우야, 이해가 되니?"

"치, 은총이고 뭐고 죄 지은 사람한테만 해당되는 거죠. 난 죄인이 아니라니까요! 그러니까 난 신의 은총 따위는 필요 없다고요!"

진우는 아저씨의 눈도 쳐다보지 않은 채 버럭 화를 내고는 또다시 그 자리에 벌러덩 누워 버렸답니다.

"녀석하고는……. 아이고, 아저씨는 이제 그만 가 봐야겠다. 또 보자. 참! '착한 어린이 프로젝트'는 계속 하는 거다! 알았지?"

김사랑 아저씨는 진우가 못내 마음에 걸렸던지 계속 뒤를 돌아보셨습니다. 현수와 영태는 토라져 있는 진우를 바라볼 뿐 아무 말도 해 주지 못했답니다.

　인간의 힘으로는 어쩔 수 없는 것이 원죄임은 앞 장에서 살펴보았습니다. 원죄란 인간의 힘으로는 돌이킬 수 없는, 인간의 교만에 의한 하나님과의 불화인 것입니다. 그런데 기독교가 구원의 종교인 이유는 이처럼 인간의 힘으로는 어쩔 수 없는 원죄도 결국은 해결한다는 점에 있습니다. '구원'이란 하나님과의 절대 절망의 불화를 되돌리는 것을 말합니다. 다시 한 번 강조하면, 그런 화해를 할 수 있는 존재는 완전한 인간이자 완전한 하나님인 존재여야 합니다. '그리스도'란 그런 존재를 일컫는 말이며, 기독교란 예수가 바로 그런 그리스도임을 확신하는 종교이고, 그리스도의 구원의 수단 또는 과정이 바로 '은총'인 것입니다.

　그런데 '은총'과 '구원'은 인간이 '얻어 내는' 것이 아닙니다. 인간에게 '주어지는' 것입니다(이런 특성 때문에 기독교는 수동적이며 의타적인 종교입니다. 특히 불교에 비해서 그렇습니다). 그렇다면 구원의 수단 또는 과정인 은총은 구체적으로 어떤 것으로 인간에게 주어질까요? 그것은 '죄의 용서'로 주어집니다. 정식으로 기독교인이 되는 처음 절차는 세례인데, 바로 이 세례를 통해서 '죄의 용서' 즉, 가장 중요하고 기본적인 은총을 받는 것입니다. 이것은 마치 선물과 같은 것이기 때문에, 여기까지만 보면 인간의 입장에서 할 수 있는 것 또는 해야 하는 것은 아무것도 없어 보입니다. 은총과 그 결과인 구원은 인간의 의지와는 무관한 것이므로, 마치 이미 결정되어 있는 일처럼 여겨지기도 합니다. 그런 주장을 펼치는 사람을 결정론자라고 합니다. 또한 그런 결정은 하나님의 의지에 의해서 예정된 일이라는 주장도 가능하며, 그것을 예정론이라고 합니다(물론 인간 의지를 완강하게 주장하는 일부 학자도 있습니다. 그런 부류를 펠라기우스파라고 부릅니다만, 이단으로 규정되었습니다.).

이처럼 은총과 구원은 수동적으로 받기만 하는 것이지만, 그것을 온전히 받기 위해서는 인간이 해야 할 것이 딱 한 가지 있습니다. 그것은 다름 아닌 '믿음'(또는 신앙)입니다. 그래서 기독교를 '오직 신앙으로(sola fide)' 구원받는 종교라고 표현하기도 하는 것입니다. 그렇다면 과연 구체적으로 무엇을 믿는다는 것일까요? 그것은 '구원받을 수 있다는 사실, 구원자는 완전한 인간이자 완전한 하나님인 존재 즉, '그리스도'라는 사실, 그리고 예수가 바로 그런 그리스도임'을 믿는 것입니다.

어찌 보면 믿기만 하면 되니까 힘들지 않게, 구원을 받을 수 있다고 생각할 수도 있습니다. 그런데 '믿음'(또는 신앙)이라는 것이 그렇게 쉬운 일이 아닙니다. 신앙의 황금원리를 살펴보면 어느 정도 이해할 수가 있습니다.

'보는 것이 믿는 것이다'라는 상식적인 원리의 역원리 즉, '믿는 것이 보는 것이다'가 믿음의 황금원리입니다. 이해하기 전에 따르고, 소유하기 전에 내주고, 받기 전에 감사하고, 확인하기 전에 맡기는 믿음의 원리는 상식에 반하는 것으로서, 생각보다 쉽게 가질 수는 없는 것입니다.

김사랑 아저씨가 감옥에 간대

예수 그리스도의 십자가 외에 결코 자랑할 것이 없으니.

– 갈라디아서 6:14 –

아저씨는 멀리 섬으로 봉사 활동을 떠났습니다. 그런데, 이게 웬 일이에요? 자리를 비운 사이, 아저씨가 사랑 복지관의 후원금을 횡령했다는 기사가 신문에 크게 난 게 아니겠어요? 삼총사의 마음은 불안하기만 합니다. 아저씨는 정말 범죄자일까요?

① 사명

학교 수업을 마친 삼총사는 서둘러 어디론가 향하고 있습니다.

"할머니께서 많이 편찮으시대?"

"그런가 봐. 의사 선생님까지 같이 가신다는 걸 보니, 아주 심각하신 것 같아."

"여름방학 때 쫑아 할머니 집에 갔었던 거 생각나지? 그때 할머니가 만들어 주신 호박전이 맛있다고 잔뜩 먹었다가 다들 체해서 혼났었잖아. 그때만 해도 할머니께서는 참 건강하셨던 것 같은데.

그렇지?"

삼총사의 발걸음이 무겁기만 합니다. 인천에서 배를 타고 한참을 더 들어간 작은 섬에서 사시는 쫑아 할머니. 지난해 여름, 삼총사는 아저씨의 복지관에서 여는 봉사 캠프에 참여했다가 쫑아 할머니를 만나게 되었답니다. 할머니가 홀로 외롭게 사시는 것이 안타까웠던지 캠프 마지막 날, 어디선가 귀엽고 복스럽게 생긴 강아지 쫑아를 안고 나타난 김사랑 아저씨. 그 후로 삼총사는 할머니를 쫑아 할머니라고 부른답니다. 그런데 쫑아 할머니가 편찮으시다지 뭐예요? 김사랑 아저씨가 부랴부랴 할머니가 사시는 섬으로 가신다기에, 삼총사는 아저씨를 배웅하러 가는 중이었답니다.

"진우야, 오늘은 아저씨한테 심통 부리지 마!"

학교에서 오는 내내 말이 없었던 진우가 마음에 걸렸던지 현수가 진우의 어깨를 툭 치며 말을 건넸습니다.

"그래, 아저씨한테 그러면 안 돼! 아저씨가 우리한테 어떤 분인데……."

"내가 뭘 어쨌다는 거야?"

진우는 현수와 영태를 보며 소리를 질렀습니다.

"너, 요즘 이상해! 네 마음은 어떤지 이해는 하지만, 그래도 아저씨한테 그러면 안 되는 거야!"

"쳇, 너희들이나 잘해!"

진우는 현수와 영태에게 소리를 지르고는 저만치 앞서서 걸어가기 시작했습니다. 사실 진우도 마음이 그리 편한 것만은 아니었습니다. 현수나 영태에게도 김사랑 아저씨는 소중한 분이지만, 진우에게는 생명의 은인이나 다름없는 분입니다. 그런 아저씨한테 그 은혜를 갚기는커녕, 요즘 들어 아저씨를 보면 왠지 마음 저 한 구석에서 뭔가가 울컥 밀려옵니다. 진우의 마음이 뒤죽박죽 뒤섞이며 널뛰기를 하는 동안 삼총사는 복지관의 빨간 지붕이 보이는 언덕에 다다랐습니다.

"어? 아저씨다!"

저 멀리서 부산하게 움직이는 아저씨의 노란 모자가 보였습니다.

"아저씨!"

"그래, 우리 삼총사 왔구나!"

삼총사를 보며 환하게 웃는 아저씨의 웃음 뒤로는, 근심과 걱정이 가득 어려 있었습니다. 어젯밤 잠도 제대로 못 잔 듯 반짝거리던 얼굴은 푸석푸석해져 있었고, 이마에는 뾰루지가 볼록 솟아 있었습니다.

"히야, 우리 진우, 머리 잘랐니? 얼굴이 훤해졌다!"

아저씨가 진우의 머리를 쓰다듬으려고 하자 진우는 홱 하고 고개를 돌렸습니다.

"하하하, 우리 진우가 아저씨한테 단단히 삐쳤나 보구나! 어떻게 하면 우리 진우의 마음을 아저씨가 돌릴 수 있으려나."

진우의 눈을 바라보는 아저씨의 눈빛은 촉촉이 젖어 드는 듯했습니다. 그런 아저씨의 눈을 바라보며 현수는 진우의 옆구리를 툭 치고는 미간을 찌푸렸어요. 그리고는 서둘러 화제를 바꾸려는 양 말했어요.

"그런데 아저씨! 쫑아 할머니가 많이 아프시대요?"

"으응? 음……. 그러신가 보더라. 어젯밤에 구멍가게 하시는 숙이네 아저씨가 큰일 났다면서 전화하셨는데, 그 목소리가 얼마나 다급하시던지……."

아저씨의 목소리는 점점 작아졌습니다. 아마도 삼총사 앞에서 슬픈 마음을 애써 감추려는 듯 보였습니다.

"김사랑 선생님, 얼른 가셔야지요! 서둘러 출발하지 않으면 배를 놓칠지 몰라요!"

최 씨 아저씨였습니다.

"너희들은 하라는 공부는 안 하고 매일 놀러만 다니냐? 응?"

"김사랑 아저씨 보러 온 거예요! 우리가 언제 놀러만 다녔다고……."

"어허, 이 녀석 좀 보게나. 어디 어른이 말하는데 말대꾸냐? 응?"

최 씨 아저씨는 현수의 머리를 콩 쥐어박고 못마땅하다는 듯 삼총사를 둘러보며 서둘러 사무실로 들어갔습니다. 종종걸음으로 들어가는 최 씨 아저씨 뒤로 키가 작고 어딘지 어두워 보이는 한 아저씨가 삼총사를 흘깃 쳐다보며 따라 들어갔습니다.

현수는 꿀밤 맞은 곳이 아픈지 머리를 쓱쓱 만지면서 얼굴을 잔뜩 찡그린 채 말했지요.

"아이참, 최 씨 아저씨가 아저씨 마음 반만 닮아도 좋겠어요! 그런데 아저씨! 저분은 누구세요? 못 보던 분인 것 같은데……."

"으응? 아, 장 군. 장 씨 할아버지 아들. 어제부터 우리 복지관에서 일하기로 했단다."

"아! 그 생일 선물! 하하하, 장 씨 할아버지 정말 대단해요! 생일 선물로 그런 걸 요구하시다니. 나 같으면 맛있는 탕수육 사 달라고 하겠다!"

역시 영태다운 말. 영태에게는 먹을 것을 빼고는 아무것도 없는 듯합니다.

"근데, 저 형…… 얼굴이 너무 어두워요. 이상해……."

"원 별소리를 다하는구나. 장 군이 오랫동안 어디 좀 갔다 와서 사람들을 대하는 것이 쑥스러워 그러는 것뿐이야. 참, 장 군의 꿈이 프로게이머라는구나. 앞으로 형이랑 게임도 하면서 친하게 지내렴."

삼총사는 고개를 끄덕였지만, 어딘지 모르게 음산한 분위기를 풍기는 장 군의 얼굴이 계속 아른거렸습니다.

"아저씨 가시면 복지관은 누가 챙겨요?"

"녀석들, 최 씨 아저씨가 있잖니. 최 씨 아저씨가 다 챙길 테니까 너희들은 걱정 안 해도 된단다."

"치, 꿀밤만 때릴 줄 알지, 최 씨 아저씨가 무슨 복지관을 챙겨요! 아저씨, 그냥 다른 분 보내시고 아저씨가 복지관 지키세요!"

현수는 아저씨의 소매를 잡아당기며 말했지요.

"원 녀석, 아까 맞은 꿀밤이 아직도 아픈 모양이구나! 이게 아저씨 사명인데 아저씨가 가야지."

"사…… 뭐라고요?"

"사명!"

"그게 뭔데요?"

"하하, 녀석들. 또 호기심이 발동한 게로구나. 어디 보자, 그래 아직 시간이 조금 있구나. 음, 지난번에 믿음에는 반드시 실천이 뒤따라야 한다고 했지? 그 실천이 바로 사명이라는 거란다. 자, 사명이 뭔지 설명하려면 달란트라는 개념을 먼저 얘기해야겠구나."

"달란트?"

또 다시 현수와 영태의 눈망울은 반짝반짝 빛나기 시작합니다. 수업 시간에 이렇게 빛나면 얼마나 좋을까요?

"달란트는, 탤런트 즉 재능을 말하는 것이지. 예수는 말이다, 각각의 사람들이 저마다 신으로부터 받은 달란트가 있다고 했지. 예를 들어, 현수는 산수를 잘하지? 그렇다면 네가 산수를 잘하는 재능을 신으로부터 받은 달란트라고 할 수 있단다. 또 영태는 음식을 잘 만들지? 영태가 받은 달란트는 바로 요리하는 재능이지. 그리고 우리 진우는 달리기를 잘하니까 잘 달리는 재능을 달란트로 받은 거라고 할 수 있단다."

"하하하, 진우가 달리기 잘하는 걸 달란트로 받았다고요? 저한테 매번 지는데요?"

현수는 진우를 보며 입을 삐죽거렸습니다. 진우는 그런 현수를 흘겨볼 뿐 아무 말도 하지 않았습니다.

"진우가 일부러 현수한테 져주는 거지. 우리 진우 달리기 솜씨야 학교 전체가 다 아는 사실 아니니? 응? 아무튼 이렇게 각각의 사람이 저마다 생긴 모습이 다르듯이 신으로부터 받은 달란트도 다르단다. 예수는 말이다, 그렇게 신으로부터 받은 달란트를 잘 갈고 닦아서 그것을 가치 있는 삶을 만드는 데에 사용하라고 했지. 자신의 달란트를 잘 사용하여 가치 있는 삶을 만드는 것, 그것이 바로 사명이라고 할 수 있지. 그런데 예수가 말한 가치 있는 삶이란 바로, 예수를 전하는 삶이란다. 즉, 모든 사람이 죄로부터 구원받을 수 있는 방법을 알리는 삶이 바로 가치 있는 삶이란 것이지."

"아, 알겠어요! 그러니까 아저씨는 누구보다 착한 마음씨를 달란트로 받았고, 그 달란트를 지금 사랑 복지관에서 멋지게 사용하면서 사명을 완수하는 거지요?"

"착한 마음씨를 달란트로 받았다! 오, 그거 나쁘지 않구나! 허허허, 너희들도 이제 너희가 신으로부터 받은 달란트가 무엇인지 알았으니, 그것을 어떻게 사용하면서 살지 잘 생각해 보려무나. 세상의 모든 사람처럼 돈이나 명예를 좇으며 사는 삶 말고 말이다."

아저씨는 삼총사의 머리를 한 명씩 쓰다듬더니, 쫑아 할머니 댁으로 출발했답니다. 삼총사는 집으로 돌아오면서 생각했지요.

'가치 있는 삶이라……. 어떻게 살아야 하지?'

현수와 영태에게는 또 하나의 물음표가 더 생겼습니다. 그러나 진우는 줄곧 하나의 생각만을 가지고 있었답니다.

"난 죄인이 아니야."

② 횡령죄로 고소 당하다

현수와 영태는 잠이 든 지 한참이 되었는데 진우는 계속해서 뒤척거립니다. 요 며칠 새 진우는 잠을 제대로 못 자고 있었습니다. 아무리 자려고 해도 자꾸만 머릿속에서 뱅뱅 도는 것들. 죄, 은총, 사명……

"에잇, 이까짓 게 다 뭐야!"

진우는 허공에 대고 X자를 그으며 세차게 도리질을 해 댔습니다. 그러고는 이불을 머리까지 뒤집어쓰고 잠을 청하기 시작했습니다.

진우는 또 다시 그 파란 대문 앞에 서 있었습니다. 문틈으로 사람들이 보이기 시작합니다. 한때 자신을 입양해 끔찍이 아껴 주었던 가족들이 진우를 둘러싸고 손가락질을 하고 있었습니다.

"도둑놈!"

진우에게 퍼부어 대는 송곳 같은 말들이 진우의 가슴을 찌릅니다.

"내가 아니라고! 난 도둑놈이 아니라고! 도둑은 바로, 바로……
으악!"

진우는 외마디 비명을 지르며 잠에서 깨어났습니다. 현수와 영태는 진우가 악몽을 꾸든 말든 아무런 상관이 없다는 듯 자신들만의 꿈나라를 멋지게 항해하고 있었습니다. 그 순간 진우의 머릿속에 김사랑 아저씨가 떠올랐습니다.

"으악, 지각이다! 지각!"

삼총사는 후다닥 일어납니다. 늘 아침이면 누구보다 먼저 일어나 현수와 영태를 깨우던 진우가 오늘은 늦잠을 잔 것입니다.

삼총사는 헐레벌떡 뛰기 시작합니다. 다행히 준비물이며 수업준비며 모든 것을 저녁에 해 놓았기에 망정이지 큰일 날 뻔했습니다. 전속력으로 달리면 지각은 면할 듯합니다.

"야, 최진우! 어떻게 니가 늦잠을 다 자냐? 히야, 해가 서쪽에서 떴나?"

"……"

진우는 어젯밤 내내 자신을 짓눌렀던 악몽을 아직도 잊지 못하고 있었습니다.

"오늘, 김사랑 아저씨 오시는 날이지?"

"빙고! 이따가 수업 마치면 바로 복지관으로 가자! 쫑아 할머니도 많이 좋아지셨대."

김사랑 아저씨가 오신다는 소식에 현수와 영태는 헐레벌떡 뛰면서도 숨이 차오르는 것조차 못 느끼며 조잘조잘 떠들어댑니다.

"난 못 가."

진우가 앙칼진 목소리로 말했습니다.

"왜? 너 오늘 당번도 아니잖아!"

"못 가면 못 가는 줄 알아!"

현수와 영태는 서로 눈을 찡긋거리며 고개를 절레절레 흔듭니다.

"아저씨, 저희 왔어요!"

현수와 영태는 김사랑 아저씨의 사무실 문을 활짝 열었습니다. 그러나 김사랑 아저씨의 사무실은 텅 비어 있었습니다. 아직 도착하지 않은 모양입니다.

현수와 영태는 아저씨가 없는 사이 뽀얗게 쌓인 먼지를 닦아 냈습니다.

"에이, 그래도 명색이 복지관 원장인데 아무리 출장을 갔어도 그동안 사무실 청소해 주는 사람이 하나도 없었나 봐."

"그러게 말이야."

그때, 문이 열리는 소리가 들렸습니다. 현수와 영태는 동시에 고개를 돌렸지요.

"아저씨!"

그러나 그곳에는 다름 아닌 최 씨 아저씨가 서 있었습니다.

"요 녀석들, 주인도 없는 방에서 뭐하는 게냐? 응? 너희도 뭐 훔치러 온 게야?"

"뭐라고요? 무슨 말씀이세요? 저희가 뭘 훔치러 와요?"

"쳇, 누가 김사랑 선생 애물단지들 아니랄까 봐, 이제 김사랑 선생은 여기 안 오니까 너희들도 오지 마라! 알았냐?"

"그게 무슨 말씀이세요?"

"궁금하면 신문을 보도록 하려무나. 1면 톱기사로 났을 테니까. 허허허."

최 씨 아저씨가 그렇게 누런 이를 활짝 드러내며 웃는 건 처음이었습니다. 김사랑 아저씨한테 무슨 일이 생긴 게 분명했습니다.

"현수야, 무슨 일일까?"

"김사랑 아저씨한테 전화부터 걸어 보자! 무슨 일이야 있겠니. 그저 최 씨 아저씨가 허풍 떤 걸 수도 있어."

영태를 위로하는 현수도 사실 가슴이 콩닥콩닥 뛰고 있었습니다. '아무 일도 없을 거야'라며 수없이 되뇌었지만, 심장은 더 큰 소리를 내며 방망이질을 해 댔습니다. 혹, 영태에게 들키지는 않을까 걱정이 될 정도였습니다.

"아직도 전화 안 받으셔?"

"응, 일단 집으로 돌아가서 기다리자. 김사랑 아저씨가 누구냐? 대한민국 최고의 착한 남자 아니냐? 우리 걱정하지 말자."

현수와 영태는 까치발을 해 가며 길가의 공중전화에서 김사랑 아저씨께 수없이 많이 전화를 했습니다. 그러나 전화기가 꺼져 있다는 안내 멘트만 나올 뿐 듣고 싶은 김사랑 아저씨의 목소리는 끝내 들을 수 없었습니다.

현수와 영태는 잔뜩 풀이 죽은 얼굴로 방으로 들어섰습니다. 그 순간 진우는 기다렸다는 듯이 자리에서 벌떡 일어났습니다.

"김사랑 아저씨 만났니?"

"아니, 아직 섬에서 안 오셨나 봐."

현수는 가뜩이나 진우가 아저씨에 대한 감정이 좋지 않은데, 섣불리 최 씨 아저씨가 한 이야기를 하면 김사랑 아저씨를 정말로 싫어하게 될까 봐 더 이상 아무 말도 하지 않았습니다. 그때 진우는 현수 앞으로 신문을 쑥 들이밀었습니다.

가장 닮고 싶은 인물 1위 김사랑, 가장 부패한 인물 1위로 추락하다.

그건 다름 아닌 김사랑 아저씨에 대한 기사였습니다. 신문에는 다음과 같은 글이 실려 있었습니다.

……사랑의 복지관을 운영하며 우리 사회 곳곳의 어려운 이웃들에게 봉사 활동을 해 왔던 김사랑 원장(45세)이 전국 각지에서 보내온 후원금 중 일부를 횡령한 것으로 밝혀졌다. 이는 사랑의

복지관에서 5년 동안 근무해 온 최 모 씨에 의해 알려지게 되었다. 최 씨는 최근 김사랑 원장의 선행과 사랑의 복지관에 대한 사회의 관심이 커지면서 후원금의 규모 또한 커졌다고 말했다. 최 씨는 후원금이 어떻게 사용되었는지 알기 위해 최근 장부를 정리하던 중 후원금의 일부가 사라졌음을 알게 되었고, 이는 김사랑 원장의 개인 용도로 사용되었을 거라고 주장하고 있다. 현재 최 씨는 경찰에 고소장을 제출한 상태이며 섬 마을에 봉사를 나가 있는 김사랑 원장이 돌아오는 대로 경찰에서는 조사를 할 예정이다.

만약 최 씨의 주장이 사실로 밝혀지면 김사랑 원장이 그동안 해 왔던 모든 선행은 거짓으로 드러날 것이며, 사랑의 복지관의 향방도 불투명해질 것으로 보인다.

"말도 안 돼! 이거 다 거짓말이야!"
현수는 신문을 그 자리에서 박박 찢어 버렸습니다. 그것도 성에 안 찼던지 발로 마구 짓밟았습니다.
"그만해! 그런다고 아저씨의 죄가 없어지는 건 아니잖아?"
함께 신문을 밟아도 시원찮을 판에 진우는 퉁명스럽게 현수에게

쏟아붙였습니다.

"야, 최진우! 그게 무슨 말이야? 그럼 아저씨가 진짜 횡령인지 뭔지를 했다는 말이야? 너 아저씨가 어떤 분인지 몰라서 그래?"

"어떤 분이시긴, 죄인이시지. 아저씨가 그랬잖아, 자신은 죄인이라고. 이걸 두고 한 말이었겠지 뭐."

그 순간, 픽 하는 소리와 함께 현수의 주먹이 진우의 왼쪽 뺨으로 날아갔습니다.

"이 자식이!"

진우와 현수는 한데 엉겨서 방을 뒹굴기 시작했습니다.

그날 밤, 삼총사는 처음으로 각각 다른 방에서 잠을 잤습니다. 진우는 다락방에서, 현수는 일층 골방에서, 영태는 삼총사의 방에서 각각 잠을 청했습니다.

진우는 잠을 이룰 수가 없었습니다. 현수에게 맞은 뺨이 부풀어 올라 욱신거리기도 했지만, 신문 기사가 머리를 떠나지 않았던 것입니다.

'역시 아저씨는 죄인이었어. 나보고 죄인이니 뭐니 하면서 진짜 죄인은 아저씨였어. 아니야, 아니야. 아저씨가 어떤 분인지 잘 알

잖아. 처음 아저씨를 만나던 날 아저씨가 보여 준 그 모습, 기억 안 나? 아저씨가 횡령이라니 말도 안 돼. 그래도 신문은 사실만 알려 주는 거잖아. 아저씨는 횡령을 한 거야. 사실은 그래서 섬 마을로 도망간 거였어. 사명? 그건 그럴 듯한 핑계였던 거야. 아니야, 아니야, 내가 아는 김사랑 아저씨는⋯⋯.'

머릿속에서 수만 가지 생각이 오가는 동안 진우는 어느새 스르르 잠이 들었습니다.

또 다시 파란 대문이 보일 무렵, 진우는 소스라치며 자리에서 일어났습니다. 그리고는 옷을 주섬주섬 입기 시작했습니다.

모두가 잠든 새벽, 진우는 어디론가 달려가고 있었습니다. 분명 아저씨도 그때 진우처럼 억울하게 누명을 쓴 걸지도 모른다는 생각이 들었습니다. 어느새 진우의 눈을 촉촉이 젖어 들고 있었습니다.

'아저씨, 조금만 기다려요.'

진우의 걸음이 갑자기 빨라지기 시작했습니다.

③ 십자가

구불구불 고갯길을 한참 올라가면 맨 꼭대기에 아저씨의 집이 있습니다. 진우가 처음 아저씨를 만나던 날, 아저씨의 방에서 잠을 청했었습니다. 열 평 남짓한 아저씨의 방은 진우에게 있어 큰 저택보다 훨씬 더 넓고 따뜻하게 느껴졌습니다.

지금 김사랑 아저씨의 방은 불이 꺼져 있습니다. 아저씨는 아직 집으로 돌아오지 않았던 겁니다. 진우는 담벼락에 쪼그리고 앉았습니다. 길바닥에 뒹구는 돌을 쥐어 들고는 바닥에 낙서를 하기 시작했지요. 진우는 또 다시 생각에 잠겼습니다.

'아저씨는 정말 횡령을 한 것일까?'

갑자기 진우는 돌을 바닥에 던지면서 벌떡 일어섰습니다.

"쳇, 내가 여기 왜 온 거야?"

진우는 흙이 묻은 손을 탁탁 털며 다시 언덕길을 내려가기 시작했습니다. 그런데 그 순간 다정하게 진우의 이름을 부르는 목소리가 들렸습니다.

"진우야, 진우 맞지?"

참 듣고 싶었던 그 목소리의 주인공은 바로 김사랑 아저씨였습니다.

"어이쿠, 우리 진우가 아저씨가 보고 싶어서 온 게로구나. 오래 기다렸니?"

"하나도 안 보고 싶었어요!"

진우는 마음에도 없는 말을 툭 내뱉고는 두 손을 주머니에 쏙 넣었지요.

"허허, 그래 아무튼 어서 집으로 들어가자꾸나. 새벽 공기가 차다. 그런데 원장 선생님께 허락은 받고 나온 게냐?"

아차! 진우는 그제야 자신이 고아원을 몰래 나왔다는 사실이 떠올랐습니다. 그러나 걱정도 잠시뿐이었습니다. 김사랑 아저씨와 함께 있으니 원장 선생님도 이해해 주실 거라고 생각했지요. 어느새 김사랑 아저씨는 진우의 마음속에 큰자리를 차지하고 있었습니다.

"왜 이렇게 늦게 오신 거예요? 다들 걱정했잖아요."

"허허, 진우가 아저씨 걱정을 많이 한 게로구나. 인천에 도착하자마자 왜, 소영이네 할머니 있지? 인천에서 폐품 모으시는 할머니 말이다. 그 할머니가 내가 여기 온 건 어떻게 알았는지 부두에 마중을 나와 있지 뭐니? 밥 먹고 가라고 아저씨 손을 끌고 가는 바람에 이렇게 늦게 왔지 뭐니. 그 덕에 할머니가 만들어 준 맛있는 청국장을 먹고 왔단다."

"치, 그까짓 밥이 무슨 대수예요? 경찰에서 아저씨를 잡아가려는 거 알아요?"

진우는 결국 참았던 눈물을 터뜨리고 소리 내어 엉엉 울었습니다. 김사랑 아저씨는 진우가 우는 내내 아무 말도 하지 않고 진우를 바라보고 있었습니다. 진우의 울음이 그칠 즈음이었습니다.

"녀석, 우리 진우가 아저씨를 미워하는 줄 알았는데 그게 아니었구나! 허허허, 아저씨 기분이 아주 좋은걸!"

"치, 지금 농담할 때가 아니에요! 말해 봐요! 아저씨가 정말 돈을 횡령한 거예요?"

진우는 더듬더듬 말을 이어갔습니다.

"넌 말이야, 예수가 왜 십자가를 지었다고 생각하니?"

"지금 예수 타령 할 때가 아니에요! 저한테는 진실을 말해줄 수 있잖아요. 저도 그런 경험이 있으니까……."

아저씨는 진우의 볼을 타고 흐르는 눈물을 닦으면서 살며시 미소를 지어 보였습니다.

"예수가 왜 십자가를 졌던 걸까? 그건 말이야, 대속하기 위해서였단다. 대속이란 남의 죄를 대신하여 자신이 그 고통을 당하는 것을 말한단다."

"그럼 아저씨가 횡령하지 않았다는 말씀이세요? 다른 사람이 횡령했는데 아저씨가 대신 그 죄를 뒤집어썼다는 말씀인 가요?"

눈물을 닦아 낸 진우의 눈은 갑자기 반짝거리기 시작했답니다.

"녀석, 근데, 왜 예수는 그런 행동을 했을까? 첫 번째 이유는 인류의 죄를 해결할 수 있는 것은 바로 예수밖에 없었기 때문이란다. 전에 아저씨가 얘기해 주었던 어린 양 얘기 기억하니? 유대인들이 자신이 지은 죄를 해결하기 위해서 어린 양에게 죄를 전가한

다음, 그 어린 양으로 제사를 드렸다는 얘기 말이다. 어린 양이 무슨 죄가 있겠니? 예수도 그렇단다. 신이 인간의 몸으로 모습을 드러낸 거란 말이지. 그러니까 신인 동시에 인간이었던 게지. 단 하나, 인간과 달랐던 것은 죄가 없었다는 거야. 그러니 인류의 죄를 해결하려면 아무런 죄가 없었던 어린 양에게 유대인들이 죄를 전가했던 것처럼 죄 한 방울 없는 예수가 인류의 죄를 대신해서 십자가를 짊어지지 않으면 안 되었던 거지.”

진우는 아저씨가 하는 말을 그저 조용히 듣고 있었습니다. 아무런 질문도 하지 않았습니다.

“두 번째 이유는, 십자가의 희생이 무엇인지 우리에게 알려 주려는 거였단다. 진우야, 만약에 말이다, 네가 다른 사람을 대신해서 죄를 뒤집어썼다고 생각해 보렴. 그러면 어떤 일이 일어날까? 정말로 그 죄를 지은 사람이 변화하는 놀라운 일이 생긴단다. 자신의 죄를 대신해 준 사람으로 인해서, 죄로 인한 고통을 덜 지게 될 뿐만 아니라, 그 사람이 보여 준 희생으로 인해서 자신의 삶 또한 변화를 받게 되는 것이지.”

“싫어요! 왜 내가 그 죄를 대신 뒤집어써요! 난 죄인이 아니란 말이에요. 사람들의 손가락질도 받기 싫고요. 또 집에서 쫓겨나는 것도 싫어요!"

진우는 또 다시 울기 시작했습니다. 그런 진우를 아저씨는 안쓰러운 듯 바라보았습니다. 그리고는 진우의 손을 꼭 잡고 말했습니다.

"진우야, 너로 인해서 분명 원래 죄를 지었던 그 아이는 지금쯤 많이 변화되어 있을 거란다. 우리 십자가의 능력을 믿어 보지 않을래?"

아저씨는 진우를 보며 환하게 웃었습니다. 아저씨는 당장 경찰서로 끌려가는 것이 두렵지 않은가 봅니다. 어떻게 이렇게 천사 같은 미소를 진우에게 보여 줄 수 있는지, 진우는 그런 아저씨를 이해할 수 없었습니다.

"십자가의 희생이고 뭐고 다 필요 없어요! 빨리 얘기해 주세요! 아저씨가 정말 횡령한 거 맞아요?"

"원 녀석, 으하함! 너무 졸립다. 아저씨는 그만 자야 할 것 같은데, 진우도 오늘은 여기서 자고 가렴. 밤길이 무섭단다."

"아저씨, 정말 죄인이었어요! 아저씨가 죄인이니까 자꾸 우리 보고도 죄인이라고 한 거죠? 정말 실망이에요!"

진우는 잘 준비를 하는 아저씨의 모습을 보자 갑자기 화가 나기

시작했습니다. 자기도 비슷한 경험이 있어서 분명, 아저씨를 위로
해 줄 수 있을 거라고 생각했는데……. 아저씨는 아무런 말도 해
주지 않았기 때문입니다. 진우를 그 자리에서 벌떡 일어나서 밖으
로 뛰쳐나갔답니다.

'정말…… 정말, 아저씨가 도둑인거야?'

진우의 머릿속은 또 다시 혼란스러워졌습니다. 새벽 공기를 가
르며 뛰는 진우의 눈에는 이슬보다 더 촉촉이 눈물이 고이기 시작
했습니다.

경찰서에 가다

"미안해. 내가 어제는 너무 흥분했었어."

아침에 일어나자마자 현수가 진우를 찾아왔습니다. 역시 의리의 현수입니다.

"아니야, 나도 잘한 거 없는데 뭐……."

진우와 현수는 악수를 하며 환하게 웃었습니다.

"어이구, 이럴 거면서 싸우긴 왜 싸우냐? 나 삼총사인지 뭔지 안 해"

진우와 현수 사이에서 힘들어 했던 영태가 입술을 삐죽 내밀며 토라집니다.

"헤헤헤, 영태야. 네가 고생 많았다. 미안해!"

"이 녀석들, 다시 한 번만 주먹다짐하면 둘 다 내가 가만히 안 둘 거야."

"알았어, 알았어."

역시 삼총사는 함께 있어야 보기 좋습니다.

"김사랑 아저씨, 집에 돌아오셨을까?"

"응, 으응? 모르지……."

현수가 던진 물음에 진우는 대답을 흐립니다. 오늘 새벽, 김사랑 아저씨와 진우가 함께 있었던 그 시간을 왠지 비밀로 하고 싶었기 때문입니다.

"우리, 복지관에 가자!"

"학교는 어떻게 하고?"

"조금 늦더라도 일단 아저씨를 만나 봐야지."

삼총사는 서둘러 복지관으로 향했습니다. 오늘따라 복지관의 빨간 지붕은 왜 이렇게 더디게 보일까요? 삼총사는 발걸음을 재촉

했습니다. 드디어 빨간 지붕이 보이기 시작합니다. 삼총사는 전속력으로 달리기 시작했습니다. 아저씨의 사무실 문을 열고 들어가자 최 씨 아저씨가 콧노래를 부르며 앉아 있었습니다. 자신이 이사무실의 주인인 양 아저씨의 회전의자에 보란듯이 앉아서 삼총사를 못마땅하게 쳐다보았습니다.

"오호, 요 녀석들 봐라! 이제는 학교도 땡땡이치네!"

"김사랑 아저씨는요? 아저씨는 어디 있는 거예요?"

"아니 이 녀석들이 어디 와서 고함을 지르는 게냐? 김사랑인지, 뭔지는 지금쯤 경찰서에 가 있을 게다. 에헴!"

"뭐라고요?"

"내 그럴 줄 알았지. 봉사니 뭐니 하면서 다닐 때는 언제고, 돈을 횡령해? 아이고, 남세스러워서 참. 내가 얼굴을 못 들고 다니겠네, 쯧쯧쯧!"

최 씨 아저씨는 김사랑 아저씨의 의자에 앉아 몸을 빙그르르 돌리며 혀를 차기 시작했습니다.

"아저씨가 다 꾸민 짓이죠! 저희는 다 알아요! 김사랑 아저씨는 그런 분 아니에요!"

진우는 최 씨 아저씨를 향해 있는 힘껏 소리를 지르고는 문을 박

차고 나가 버렸습니다.

"저런, 저런 못된 녀석하고는. 너희들도 썩 나가! 다시는 얼씬도 하지 말거라. 알겠냐?"

현수와 영태도 문을 쾅 닫으며 그 자리를 떠났습니다.

"아저씨가 정말 경찰서에 끌려간 걸까?"

"끌려가긴 왜 끌려가? 만약 가셨다면 아저씨 스스로 가셨을 거고, 아마 곧 풀려나실 거야."

영태의 울먹이는 소리에 진우는 크게 소리쳤습니다. 그러나 사실 진우는 영태보다 훨씬 더 아프게 마음속으로 울고 있었습니다.

정말 아저씨는 십자가를 지신 걸까요?

철학 돋보기

예수의 십자가

〈신약성서〉 갈라디아서 6장에서 '십자가 외에 결코 자랑할 것이 없으니.'라고 할 정도로 십자가는 기독교의 상징입니다.

십자가의 의미를 잘 담고 있는 성경 구절 가운데 하나는 고린도전서 1장 18절입니다. '십자가의 메시지가 멸망하는 자들에게는 어리석은 것이요, 구원을 얻은 우리에게는 하나님의 능력이라' 라고 되어 있습니다. 그렇지만 성서의 함축적인 문장을 통해서는 십자가의 의미를 선명하게 읽어 내기가 어렵습니다. 십자가의 의미를 정리하면 다음과 같습니다.

1. 십자가는 인간에 대한 하나님의 준엄한 네 가지 선포를 의미합니다. 첫 번째는 인간의 죄에 대한 선포입니다. 인간의 대속자인 예수가 십자가에 매달려 죽었다는 사실은 인간의 죄가 얼마나 큰지를 드러낸 것입니다. 두 번째는 인간은 죄로부터 스스로 헤어날 수 없다는 선포입니다. 만일 인간이 자구 능력을 갖고 있었다면 십자가 처형 사건은 발생하지 않았을 것입니다. 세 번째는 하나님의 정의에 대한 선포입니다. 정의를 선포하기 위해서는 아무 죄 없는 유일한 인간인 예수가 필요했습니다. 네 번째는 하나님의 사랑의 선포입니다. 만일 하나님의 사랑이 없었다면 하나님은 예수를 십자가로 보내지 않았을 것입니다.

2. 십자가는 하나님이 인간에게 주는 최고의 제공을 의미합니다. 첫 번

째, 십자가가 의미하는 것은 그것을 믿는 사람들 모두를 해방시켜 준다는 것입니다. 두 번째로 의미하는 것은, 사랑과 치유를 제공하는 하나님이 확실하다는 것입니다.

3. 십자가는 하나님의 최고의 능력입니다. 첫 번째, 십자가는 잘 견디는 능력이 있습니다. 그리스도의 십자가는 실패를 모르기 때문입니다. 두 번째, 그리스도의 십자가는 사람들을 끌어들이는 능력이 있습니다. 간단한 십자가의 이야기는 놀랍게도 항상 새롭고 흥미로워서 언제나 사람들의 관심을 끄는 힘이 있습니다. 세 번째, 십자가는 위력입니다. 특히 우리를 죄로부터 끌어내는 위력이 있습니다. 네 번째, 십자가는 시간에 구애받지 않는 위력이 있습니다. 이처럼 시간에 구애받지 않는 특성 때문에 십자가는 4차원성을 갖는다고 말하기도 합니다. 다섯 번째, 십자가는 사람을 변화시키는 능력이 있습니다.

4. 십자가의 위치는 서로 불화를 보이는 하나님과 인간의 사이 한가운데입니다. 그곳에 달릴 수 있는 유일한 존재는 온전한 신인 동시에 온전한 인간인 예수 그리스도입니다.

그중에 제일은 사랑이라

새 계명을 너희에게 주노니 서로 사랑하라 내가 너희를 사랑한 것 같이 너희도 서로 사랑하라.

– 요한복음 13:34 –

김사랑 아저씨가 횡령죄를 시인했다고 하네요. 삼총사는 믿을 수 없습니다. 뭔가 잘못된 것이 틀림없습니다. 삼총사의 마음속에 있는 김사랑 아저씨는 정말 착한 분이시거든요. 삼총사의 발걸음은 어디론가 빠르게 향합니다.

장 씨 할아버지를 만나다

김사랑, 위선자였나?

……섬 마을 의료 봉사를 다녀오자마자 김사랑 원장은 아침 7시
경 경찰서에 자진 출두했다. 김사랑 원장은 경찰 조사 결과 자금
의 출처에 대해서 명확히 얘기하지 못한 것으로 전해지고 있으며
시종일관 침묵으로 일관하고 있어 경찰 조사에 차질을 빚고 있는
것으로 알려졌다. 수많은 봉사 활동을 해 온 김사랑 원장은 이번
일을 계기로 이미지에 상당한 타격을 받을 것으로 예상된다.

지금까지 해 왔던 봉사 활동이 모두 비자금을 마련하기 위한 수단이었다는 등, 김사랑 원장은 시민들 사이에서 뜨거운 논란의 대상이 되고 있다. 한편 김사랑 원장의 자금 횡령을 가장 먼저 안 사랑 복지관 관계자 최 모 씨는, 김사랑 원장이 더 많은 비자금을 조성했을 거라며 철저한 수사를 부탁했다.

그의 봉사가 위선이었는지는 조만간 낱낱이 밝혀질 것으로 예상된다.

오늘도 김사랑 아저씨의 뉴스가 신문을 가득 메웠습니다. 삼총사의 발걸음은 무겁습니다. 여기저기서 김사랑 아저씨에 대한 험담과 욕설이 들려오는 듯했습니다. 그리고 덩달아 삼총사도 사람들에게 손가락질을 당하는 것처럼 느껴졌습니다.

바로 얼마 전까지만 해도 모든 사람의 우러름과 칭찬을 한 몸에 받았던 김사랑 아저씨. 아저씨를 취재하고 싶어 안달이 났던 언론들은 이제 날카로운 화살이 되어 김사랑 아저씨를 혹독하게 비난하고 있었습니다.

삼총사는 공원으로 발걸음을 옮겼습니다. 그날은 토요일이었습니다.

아저씨의 무료 급식소에는 하얀 앞치마를 두르고 급식을 하는 아저씨의 모습은 온데간데없고, 싸늘한 바람만이 불고 있었습니다.

"아, 되게 쓸쓸하네!"

현수는 기지개를 크게 켜면서 짜증이 난 듯 말했습니다. 그런데 저 멀리 누군가 보이는 것이 아니겠어요? 그건 다름 아닌 장 씨 할아버지였습니다.

"할아버지! 할아버지 맞죠?"

삼총사는 어깨를 늘어뜨리고 땅바닥만 보면서 한숨을 푹푹 내쉬는 장 씨 할아버지께로 달려갔습니다.

"할아버지! 웬일이세요? 혹시 아저씨 소식 못 들으신 거예요?"

"에헴, 왜 못 들어. 다 들었지. 내가 이래 봬도 매일 신문을 꼭 사서 읽는 사람이야."

"네, 그런데 여긴 웬일이세요?"

"에헴! 그냥 뭐, 그냥…… 바람 쐬러 나왔다. 근데 너희들은 무슨 일이냐?"

"저희도 그냥요."

삼총사는 장 씨 할아버지 옆에 나란히 앉았습니다.

"에헴! 김 선생은 그래, 어떻게 될 거 같다더냐?"

"저희도 몰라요. 원장 선생님이 말씀 하시기로는, 아마도 감옥에 가게 될 것 같다고 하시더라고요."

영태는 어젯밤 원장 선생님과 다른 선생님들이 하는 말을 엿들은 모양입니다. 이미 경찰에서는 최 씨 아저씨의 증언을 토대로 김사랑 아저씨가 돈을 횡령하였음을 확신하고 있다고 했습니다.

네 사람 사이로 찬바람만 휭 하고 불었습니다.

"아저씨는 십자가를 지신 것뿐이에요! 예수가 우리의 죄를 대속하기 위해서 그랬던 것처럼 아저씨도 누군가를 대신해서 지금 그 죄를 묵묵히 짊어지고 있으신 거예요."

진우는 오늘 새벽, 아저씨와 나누었던 대화가 머릿속을 떠나지 않았던 겁니다.

"그게 무슨 말이냐? 아저씨가 다른 사람의 죄를 뒤집어쓴 거라는 말이냐?"

장 씨 할아버지는 당황하는 듯한 기색을 보이며 진우를 뚫어져라 쳐다보았습니다.

"김사랑 아저씨는 누군가를 대신해서 그저 희생하는 것뿐이라니까요!"

진우는 갑자기 버럭 소리를 질렀습니다. 사실 진우의 머릿속은 여전히 복잡했습니다. 그러나 진우는 아저씨가 마지막으로 하셨던 그 말, 십자가의 능력이 나타나기를 한번 기다려 보기로 한 것입니다.

"에헴! 나는 그만 간다. 너희들도 얼른 집으로 들어가려무나."

장 씨 할아버지는 황급히 그 자리를 뜨셨습니다. 목발을 집고 어디론가 떠나는 장 씨 할아버지의 모습이 사라질 때까지 삼총사는 지켜보고 있었습니다.

장 씨 할아버지가 떠나고 현수는 궁금해 죽겠다는 표정으로 진우에게 말을 걸었습니다.

"근데, 그게 무슨 말이야? 아저씨가 십자가, 뭐를 지셨다는 말이야?"

"십자가에는 특별한 능력이 있대. 예수가 자신이 죄를 짓지 않고도 다른 사람들의 죄를 위해서 십자가를 지고 간 후 어떻게 되었는지 아니? 수많은 사람들이 자신의 죄를 뉘우치고, 새롭게 변화되었다는 거야."

"오! 넌 그 얘기 누구한테 들은 거야? 만날 아저씨한테 퉁명스럽게 말하더니, 사실은 너 혼자 예수에 대해서 공부하고 있었던 거야?"

현수는 진우의 어깨를 툭 치며 장난스럽게 말을 건넸습니다.

"아저씨도 예수처럼 십자가를 지신 걸거야. 우리 좀 더 기다려 보자. 아직 경찰에서도 아저씨가 횡령했다고 결론지은 건 아니잖아."

삼총사는 서로의 등을 다독거리며 차가운 바람이 부는 공원을 오랫동안 지키고 있었습니다.

② 자수하다

다음날 아침, 삼총사는 쿵쾅거리며 부산스럽게 움직였습니다. 오늘 아저씨의 사건이 검찰로 넘어간다는 소식을 들었기 때문이죠.

"정말 아저씨가 횡령한 거래?"

"경찰이 워낙 확신을 가지고 조사하니까 아저씨가 자백했다고 하던데?"

삼총사는 도저히 믿을 수 없다는 표정이었습니다. 특히 진우는 십자가의 능력이 발현되기를 고대하고 있었기에 더더욱 믿기지가 않았습니다.

　삼총사는 서둘러 아저씨가 조사를 받고 있다는 경찰서로 향했습니다. 경찰서 앞에는 무서운 아저씨들이 지키고 있었습니다.

　"저, 아저씨! 김사랑 아저씨를 좀 만날 수 있을까요?"

　현수는 두 눈을 깜빡거리며 애원하듯 말했습니다. 그러나 현수의 애원에도 불구하고 돌아온 대답은 싸늘한 침묵뿐이었습니다.

　"저, 아저씨. 저희는요, 김사랑 아저씨랑……."

　"저리들 가려무나. 아저씨는 너희들하고 노닥거릴 시간이 없단다. 자, 저리 물러가!"

　이렇게 물러설 삼총사가 아니었습니다.

　"아저씨, 부탁이에요. 오늘 김사랑 아저씨를 꼭 만나야 해요. 제발, 도와주세요. 네?"

　"아이고, 귀찮아라! 누구라고?"

　"김사랑 아저씨요!"

　"아, 김사랑! 그 두 얼굴의 사나이! 지금쯤 검찰로 호송되지 않았을까? 그런 사람 때문에 사회가 병들지……."

　경찰관은 혀를 차며 고개를 절레절레 흔들었습니다. 삼총사는 아무 말도 하지 못하고, 발걸음을 돌렸습니다. 정말 김사랑 아저씨가 횡령을 했나 봅니다. 삼총사는 그 사실을 받아들이기가 너무나 힘들었습니다.

"아저씨는 왜 그랬을까? 그 돈을 훔쳐서 뭘 하려고 한 걸까?"

"정말 아저씨가 그랬을까? 정말?"

"이미 다 확정된 것 같은데, 뭐."

삼총사는 더 이상 걸을 힘도 없었습니다. 세상이 무너지는 듯했습니다. 어떻게 그 착한 김사랑 아저씨가 횡령을 했을까요? 삼총사는 그동안 자신들에게 베푼 김사랑 아저씨의 선행이 모두 거짓일지도 모른다는 생각이 들어 머리가 아파 오기 시작했습니다.

"너희들 어디를 그렇게 쏘다녔던 거니? 내가 얼마나 너희를 찾았는 줄 알아?"

해가 뉘엇뉘엇해질 무렵, 삼총사는 고아원으로 돌아왔습니다. 그런데 원장 선생님이 현관문 앞에 서 계신 거 아니겠어요?

"죄송합니다. 김사랑 아저씨 때문에……."

현수는 왈칵 눈물이 쏟아질 것 같았습니다. 터지는 울음을 꾹 참으며 현수는 말했습니다.

"어이구, 녀석들 하고는……. 김사랑 아저씨 풀려나셨단다."

"네? 뭐라고요? 저희가 경찰서에 가서 다 확인하고 왔는걸요."

진우는 토끼처럼 동그랗게 눈을 뜨며 원장 선생님께로 한 발짝 다가섰습니다.

"그래, 오늘 아침까지는 그랬지. 근데 진짜 범인이 자수했나 봐. 오늘 오후에 풀려나셨다고 하더라. 그러니까 쓸데없는 걱정하지 말고 어서 올라가 씻어라!"

원장 선생님도 기분이 좋았는지 어깨를 들썩이며 방으로 들어갔습니다.

"야호! 그것 봐. 김사랑 아저씨는 절대 횡령하실 분이 아니지?"

"우리의 믿음을 저버리지 않았어! 역시 김사랑 아저씨야!"

현수와 영태는 신이 나서 두 발을 동동 구르며 환호성을 질러 댔습니다.

"그런데 진짜 범인은 누구였을까?"

사실 진우는 김사랑 아저씨가 풀려난 것보다 누가 범인이었는지가 더 궁금했습니다. 십자가의 능력을 확인해 보고 싶었기 때문입니다.

"글쎄, 아저씨가 범인이 아니면 됐지. 범인이 누구인 게 뭐가 중요해!"

"그래, 아저씨가 풀려나셨다는 게 중요한 거지!"

현수와 영태는 휘파람을 불어 대며 방으로 향했습니다.

'누구였을까? 혹시 최 씨 아저씨?'

진우는 더 골똘히 생각에 잠겼습니다.

③ 장 씨 할아버지의 편지

김사랑 원장의 선행, 진실이 밝혀지다

……사랑 복지관 원장 김사랑은 실제 범인이 자수를 하면서 횡령죄의 혐의를 말끔히 벗게 되었다. 실제 범인은 사랑 복지관에서 근무하는 장호태 씨로 장 씨는 김사랑 원장이 얼마 전 장 씨 아버지 부탁을 받고 취직시켜 준 사람이다. 절도 전과가 화려한 장 씨는 김사랑이 복지관을 비운 사이 범행을 한 것으로 드러났다.

시민들은 김사랑이 자신들의 믿음을 저버리지 않았다며 환호성을 질렀으며, 사랑 복지관 사람들은 기쁨의 눈물을 흘렸다.

김사랑은 집으로 귀가 조치되었다. 그런데 왜 김사랑이 자신이 횡령을 하지 않았으면서도 그 죄를 덮어쓰려고 했는지 침묵을 하고 있어 그에 대한 의구심은 아직 해결되지 않은 채 미궁에 빠져 있다. 그동안 김사랑이 벌여 왔던 선행들은 이제 다시 제자리를 찾아갈 전망이다……

"치, 어제는 범죄자라고 했다가 오늘은 천사래! 신문기자 진짜 마음에 안 들어!"

현수는 신문을 덮으며 인상을 찌푸렸습니다.

"장호태라면 장 씨 할아버지 아들 맞지? 그날 공원에서 장 씨 할아버지 만났었잖아. 뭔가 수상하지 않았냐? 어쨌든, 오늘 김사랑 아저씨를 드디어 만나게 되겠네."

현수와 영태는 학교로 가는 내내 김사랑 아저씨를 만날 기대에 부풀어 있었습니다. 진우는 그저 침묵을 지키며 걸을 뿐이었습니다.

'아저씨는 십자가를 지신 거였어. 아저씨, 고마워요. 내 믿음을 저버리지 않아서.'

진우는 속으로 조용히 아저씨께 감사의 인사를 했습니다.

"아저씨, 아저씨! 저희 왔어요!"

삼총사는 오랜만에 사랑 복지관의 문을 박차며 들어왔습니다. 그러나 김사랑 아저씨는 방에 없었습니다.

삼총사는 복지관 주위를 돌며 아저씨를 찾기 시작했습니다. 아저씨가 돌아오신 것에 비해 복지관이 너무나 조용해 이상하게 느껴질 정도였습니다. 얼마나 찾았을까요? 저기, 하얀 앞치마가 펄럭이는 것이 보이는 듯했습니다.

"어? 아저씨다! 아저씨!"

제일 먼저 아저씨를 발견한 진우가 달음박질을 시작했어요.

"아이고, 요 녀석들아. 잘들 지냈지?"

어딘지 모르게 핼쑥해진 아저씨의 얼굴. 갑자기 삼총사의 마음은 저미는 듯했습니다.

"아저씨, 힘드셨지요? 아저씨, 정말 보고 싶었어요!"

"허허, 아저씨도 너희들 많이 보고 싶었다."

"근데, 여기서 뭐하세요?"

"응, 무료 급식을 한 번 빼먹었더니 영 마음이 좋지 않아서……. 그래서 급식기들 점검하려고 나왔지."

역시 김사랑 아저씨였습니다. 자신의 몸을 챙기는 것보다 다른 사람의 몸을 먼저 챙기는 아저씨. 분명 경찰서에 있는 내내 무료 급식 때문에 신경을 쓰셨던 게 분명했습니다.

삼총사는 아저씨께 궁금한 것이 너무나 많았습니다. 경찰이 텔레비전에서 보는 것처럼 아저씨를 무섭게 추궁했는지부터, 밥은 무엇이 나오는지, 잠자는 곳은 어떤지…… . 묵혀 두었던 이야기 보따리를 풀어내느라 삼총사는 쉴 새 없이 떠들었답니다.

그때 저 멀리서 최 씨 아저씨가 보이는 것이 아니겠어요?

"아휴, 저는 최 씨 아저씨가 범인인 줄 알았지 뭐예요? 호태 형이 범인일 줄이야…… . 근데, 아저씨는 호태 형이 진짜 범인인 줄 알았어요?"

그렇게 말하던 현수는 최 씨 아저씨의 모습이 안 보일 때까지 뚫어져라 쳐다보았답니다.

"애들아, 너희들에게 보여 줄 게 있다. 이건 너희들에게만 보여 주는 것이니 비밀을 지켜야 한다!"

아저씨는 검지를 입에 대며 비밀스럽게 말했지요. 삼총사는 아저씨 옆으로 둥글게 원을 그리며 모였지요. 아저씨는 주머니 속에서 꼬깃꼬깃해진 종이 한 장을 꺼내셨습니다. 얼핏 보니 그것은 편지였습니다.

김 선생 보시오.

난 말이유, 베트남전이 너무나도 싫소. 원망스럽소. 입버릇처럼 베트남전 얘기를 하지만 말이오. 내 인생의 한 부분을 싹둑 잘라 버릴 수만 있다면 베트남전에 참전했던 그 시간이라오.

베트남전에 참전한 후, 난 다리를 잃었소. 정부에서는 보상은 커녕 나에게 일자리 하나 주지 않았지. 난 술로 그 시간을 달랠 수밖에 없었소.

그런데, 내가 술로 마음을 위로하는 동안 아내와 호태는 힘든 시간들을 보냈지. 아내는 급기야 병으로 세상을 떠나게 되었고, 호태는 그때부터 밖으로 나돌게 되었소.

저 녀석, 사실은 한 달 전에 교도소에서 나왔수. 어이구, 다 가난이 죄지……. 아내가 죽고 난 후 고픈 배를 달랠 길이 없어 그때부터 도둑질을 했지. 벌써 별이 열두 개요.

난 호태가 김 선생 밑에서 일하는 것이 호태에게 마지막 기회라고 생각하오. 아마 여기서도 발을 붙이지 못한다면 호태는 영영 사회에 발을 붙이지 못한 채 나쁜 길로만 다닐 것이오.

호태를 잘 부탁하오, 이 못난 아비 만나서 그동안 고생했으니, 김 선생 옆에서 좋은 일 많이 하면서 기쁘게 지낼 수 있길 바랄

뿐이요. 고맙소. 김 선생. 내 이 은혜는 잊지 않으리다.

삼총사의 두 눈에 눈물이 그렁그렁 맺히기 시작했습니다. 늘 큰 소리 뻥뻥 치며 다니던 장 씨 할아버지에게 이런 슬픈 사연이 있을 줄이야. 갑자기 삼총사는 부모님 없는 자신들보다 장 씨 할아버지와 호태 형이 훨씬 더 불쌍하게 여겨졌습니다.

"그럼 아저씨는 호태 형이 범인인 줄 알면서도 눈감아 주신 거군요! 피, 저희들한테라도 얘기해 주시지 그랬어요!"

영태는 울먹거리며 아저씨를 바라보았습니다.

"아저씨…… 십자가를 대신 지신 거 맞군요……. 이미 호태 형이 범인인 거 다 알고 있었으면서……."

진우는 아저씨의 선한 눈을 쳐다보았습니다.

"진우야, 호태에게는 이것이 마지막 기회였단다. 예수가 우리의 죄를 짊어지는 것이 우리의 죄를 용서받는 마지막 기회였듯이 호태에게 있어서도 이번이 마지막 기회였단다. 그 기회를 뺏기게 하고 싶지 않았는데……."

아저씨는 호태 형이 자수한 것이 못내 가슴에 맺혀 있었나 봅니다. 아저씨는 한숨을 내쉬었습니다. 그러고는 말을 이었어요.

"진우야, 십자가의 의미에는 또 하나가 있단다. 이것이 가장 중요한 의미라고 할 수 있지. 바로 사랑이란다. 예수가 십자가를 진 이유는 우리의 죄를 대속하고 희생을 통해서 우리를 변화시킬 뿐만 아니라, 우리를 사랑하기 때문이었단다. 예수는 사랑을 아주 중요하게 생각했단다. 즉, 신을 사랑하듯 이웃을 사랑하라고 했지. 사랑은 이 세상의 악한 모든 것을 이길 수 있는 가장 큰 힘이란다. 믿음과 소망과 사랑 중에 제일은 사랑이라. 이 말은 너희들도 잘 알지?"

진우는 아저씨의 품에 안겼습니다. 그리고는 한참을 울어 댔습니다. 아마도 진우의 마음에 그 옛날 억울했던 모든 것들이 사라지고 진정한 사랑이 싹트고 있었나 봅니다.

아저씨는 진우를 꼭 안아 주었습니다.

"얘들아, 우리 진우가 아저씨 없는 사이에 울보가 되었나 보다."

"에이, 최진우, 사내대장부가 웬 눈물이냐?"

"으하하! 진우도 울 줄 아는구나."

현수와 영태는 진우의 어깨를 토닥거리며, 진우의 마음에 있는 슬픔이 가시기를 바랐답니다.

그리고 1년 후

"으아악, 늦었다, 늦었어!"

"다 너 때문이야! 네가 늑장 부리는 바람에 이렇게 된 거잖아."

"뭐라고? 누가 화장실에 오래 있었는데! 네가 화장실 들어가서 안 나오는 바람에 모두 다 늦어진 거잖아."

여전히 삼총사는 시끌시끌합니다. 오늘은 토요일입니다. 김사랑 아저씨의 무료 급식이 있는 날이지요.

매주 한 번도 빼먹지 않고 가는데도 삼총사에게는 늘 반갑고 즐

거운 일입니다.

"자, 준비됐지?"

"오케이!"

"으하함! 나도 오케이!"

"자, 그럼 시작한다! 준비, 땅!"

삼총사의 달리기는 오늘따라 흥겹습니다. 글쎄요, 아마도 무료 급식소에 반가운 손님이 기다리고 있는 것을 삼총사도 안 것일까요?

"아저씨!"

저 멀리 아저씨의 하얀 앞치마와, 노란 모자가 보이자 진우는 큰 소리로 김사랑 아저씨를 부릅니다.

"그래, 너희들 왔구나! 오늘은 또 왜 늦었냐? 누가 늑장 부린 게야!"

"현수요!"

"아니라니까, 진우요!"

"왜 나야? 영태라니까!"

"아이고, 귀 따갑다! 어허, 너희들은 왜 만나기만 하면 싸움질

이냐?"

삼총사는 서로를 보며 까르르 웃습니다.

"에이, 아저씨는 모르시나 봐. 이게 다 사랑 표현인데. 저희들 서로 얼마나 사랑한다고요! 안 그래?"

현수의 넉살에 아저씨는 크게 웃습니다. 그때였습니다.

"어? 저…… 저분…… 호태 형 맞죠?"

진우가 손가락으로 가리킨 곳에는 이쪽을 향해 성큼성큼 걸어오고 있는 한 남자가 있었습니다. 그는 바로 1년 전 횡령죄로 감옥에 수감되었던 호태 형이었습니다. 근데 이게 웬일입니까? 호태 형의 얼굴은 과거의 그 얼굴이 아니었습니다. 얼마나 밝고 맑아졌는지, 삼총사의 눈이 부실 정도였습니다..

"너희들이구나! 반갑다. 1년 만에 보는 거네."

"네. 안녕하세요?"

삼총사는 김사랑 아저씨와 호태 형의 눈을 번갈아 쳐다보며 우물쭈물했습니다.

"하하하, 너희들 내가 왜 여기에 있는지가 궁금한 모양이구나! 저 도둑놈이 여기서 뭘 훔치지는 않을까, 걱정이 되니?"

"네?"

삼총사는 호태 형의 거침없는 말투에 화들짝 놀랐답니다.

"하하하, 얼마 전에 교도소에서 출소했단다. 아저씨가 많이 도와주셔서 생각보다 빨리 나왔지. 내가 전과가 좀 많아서 꽤 오래 있어야 했거든."

삼총사는 그저 호태 형의 두 눈을 말똥말똥하게 쳐다볼 뿐, 아무 말도 하지 못했답니다.

"아저씨가 내 대신 횡령죄로 고소됐을 때 마음이 많이 불편했지. 사실, 그 돈을 딱히 어디에 쓸 데가 있어서 훔쳤던 건 아니었단다. 어려서부터 습관이 된 도벽으로 인해서 또 사고를 쳤던 거야. 어떻게 해야 하나 망설이던 중, 아버지께서 말씀하셨어. '김 선생이 십자가를 진단다. 네 십자가를 말이다' 뚱딴지같은 아버지의 말에 난 한참동안 아무 말도 못했지. 그러다 도저히 마음이 불편해 견딜 수가 없어서 자수를 했단다."

삼총사는 호태 형의 말을 조용히 듣고 있었습니다. '아저씨가 얼마나 힘드셨는데요!' 하며 버럭 소리라도 지르고 싶은 걸, 가까스로 참는 듯한 모양새였습니다.

"그런데 감옥에 있는 동안 아저씨가 넣어 준 성경책을 보게 되었단다. 그리고 언젠가 아버지가 말해 주었던 십자가의 의미를 생각하게 되었지. 난 아저씨가 나를 위해서 얼마나 큰 희생과 사랑을 베푼 것인지 알지 못했었단다. 오히려 내가 자수를 한 덕에 아저씨가 풀려나온 것이 더 큰 희생이라고 생각했을 정도니까. 하하하! 아저씨가 나 대신 짊어지신 십자가로 인해서 보다시피, 난 이렇게 변했단다. 어때? 멋있어지지 않았니?"

호태 형은 처음으로 삼총사를 향해 활짝 웃어 주었습니다. 그 웃음이 얼마나 천진한지 삼총사의 마음이 따뜻하게 녹는 듯했습니다.

"자, 이제 급식 준비를 할까? 어쿠! 우리 아버지가 제일 먼저 오셨네. 하하하! 아무래도 여자 친구를 소개시켜 드려야 할까 봐. 요즘 너무 외로워 하셔."

호태 형은 장 씨 할아버지를 향해 두 손을 크게 쭉 뻗으며 인사를 했습니다. 호태 형에게 내리쬐는 밝은 햇빛을 보면서 진우는 생각했지요. 이것이 바로 십자가의 능력이라는 것을……

희생과 사랑

기독교의 사랑, 혹은 예수가 모범을 보인 사랑은 혼자만 세상을 초월하여 얻는 사랑이 결코 아닙니다. 천국에는 혼자 들어가는 것이 아니라는 예수의 가르침도 같은 맥락입니다. '경천애인(敬天愛人)' 이라는 말처럼 즉 하나님을 사랑하는 사람은 이웃도 사랑합니다. 인간에 대한 하나님의 사랑과 이웃에 대한 인간의 사랑은 서로 분리되지 않습니다.

또한 대상이 없는 사랑은 보편적인 사랑이 아닙니다. 사랑의 구체적인 대상은 이웃입니다. 그러면 도대체 누가 이웃일까요? 친척이나 유명한 사람뿐만 아니라 시간적, 공간적으로 가깝고 자신을 필요로 하는 사람은 모두 이웃입니다. 착한 사마리아의 여인 이야기에서 진정한 이웃의 의미를 찾을 수 있습니다.

강도를 만난 예루살렘 사람이 길에 쓰러져 있었지만 지체 높은 제사장과 레위는 본 체도 안 하고 지나갔습니다. 그런데 예루살렘 사람들이 천시하는 사마리아 여인은 그를 도와주었습니다. 사마리아 여인이 바로 진정한 이웃인 것입니다.

사랑을 최고의 덕목으로 간주하는 종교인 기독교는 이웃 사랑의 실천에 있어서 매우 적극적입니다. 대부분의 고등 종교들은 비슷한 황금률을 사랑의 규율로 삼고 있습니다. '자기에게 행하지 말았으면 싶은 것을 남에게도 행하지 말라.'는 '역지사지(易地思之)'의 자세를 취하는 점은 모든 종교가 같지만, 유일하게 기독교만이 '자기에게 행해 주었으면 하는 것을 남에게도 행하라.'라고 되어 있는 것입니다.

또한 예수의 사랑은 자기의 영화를 배제한 사랑입니다. 즉 희생이 따르는 사랑인 것입니다. 그래서 예수는 "너희들 가운데 으뜸이 되고자 하는 자는 종이 될 것이요, 자신을 높이는 자는 반드시 비천하게 될 것이다." "부모를 나보다 더 사랑하는 사람은 내게 가치가 없으며, 자기의 십자가를 지고도 나를 따르지 않는 자는 내게 가치가 없다."라고 했습니다. 그것은 예수와 예수의 부름에 모든 것을 바치는 사랑인 것입니다. 스스로가 희생했듯이 사람들에게도 사랑에서 희생을 요구하는데, 그것은 특히 율법에 대한 복종을 경계하라는 가르침입니다. 희생이 따르는 무조건적인 사랑을 특별히 일컬어 '아가페'라 부릅니다. 그 모습은 하나님이 인간을 일방적으로 절대 사랑하는 것과 같습니다. 한마디로 아가페는 끝없는 용서와 사랑입니다.

이와 대조적으로 인간 중심의 욕망적인 사랑은 에로스라 부릅니다. 그런데 에로스도 반드시 나쁜 것만은 아닙니다. 왜냐하면 에로스란 아래에서 위로, 인간에게서 신에게로 향하는 사랑이기 때문입니다. 만일 에로스적 요소를 제거한다면 우리는 신에게 향하는 사랑에 관해서는 실질적으로 말할 수 있는 것이 아무것도 없게 되기 때문이지요. 기독교에서는 사랑도 삼위일체형으로 설명하기를 선호하여, 사랑하는 자, 사랑받는 자, 사랑하는 힘을 각각 성부, 성자, 성령에 비유하고, 온전한 사랑을 이 셋이 합쳐진 사랑으로 간주하기도 합니다.

에필로그

진우는 그 후로 십자가의 능력을 두 번이나 경험했습니다. 첫번째는, 바로 최 씨 아저씨에게 나타났습니다. 김사랑 아저씨를 범죄자로 몰아세운 최 씨 아저씨는 김사랑 아저씨가 풀려나자마자 사랑 복지관을 그만두었답니다.

그런 상황에서 가만히 있을 김사랑 아저씨가 아닙니다. 김사랑 아저씨는 극구 사양하는 최 씨 아저씨를 불러서 원장 자리에 앉히는 게 아니겠어요?

김사랑 아저씨는 사랑 복지관을 최 씨 아저씨에게 물려주고, 오로지 무료 급식소만을 운영하며 사셨습니다.

최 씨 아저씨는 어떻게 변했냐고요? 먼저, 삼총사를 대하는 태도가 변하셨습니다.

"에구, 귀여운 녀석들!"

말썽꾸러기에서 귀염둥이로 예뻐해 주셨지요. 최 씨 아저씨는 그동안 모아 두었던 재산을 모두 처분하여 복지관에 기증했을 뿐만 아니라, 삼총사와 같은 고아들을 위한 장학금 제도를 만들어 아이들을 돕는 데 힘을 쓰고 있답니다.

그리고 두번째는 바로 진우 자신이었습니다. 도둑으로 몰렸던 예전의 기억으로 진우의 마음은 늘 고통스러웠습니다. 그러던 어느 날 우연히 길에서 양어머니를 만나게 되었고, 양어머니가 진우의 손을 덥석 잡고는 '어이구, 내 새끼! 미안하다. 엄마가 미안하다.'며 우셨다는 거 아니겠어요. 양부모님은 진우를 다시 집으로 데려가길 바랐지만, 진우는 삼총사와의 인연을 끊고 싶지 않아서 고아원에 그대로 남기로 했습니다. 그 대신, 양부모님이 일주일에 한 번씩 진우를 찾아와서 옷이며 먹을 것 등을 챙겨 주었습니다.

그리고 현수와 영태는 중학생이 되었습니다.

"이제는 우리가 받은 달란트를 열심히 사용해서 김사랑 아저씨처럼 좋은 일에 쓰자고!"

둘은 새끼손가락을 걸고 약속했습니다. 현수는 천재 수학자라는 별명이 생길 정도로 각종 수학 경시 대회에서 상을 모조리 휩쓸었지만 절대 으스대지 않았습니다. 오히려 수학 공부방을 운영하며 수학을 못하는 아이들에게 수학을 가르쳐 주었습니다.

영태는 용돈을 쪼개고, 김사랑 아저씨의 도움을 받아 요리 학원에 등록했습니다. 어린 나이에도 불구하고, 어찌나 요리를 잘하는지 영태는 일식 요리사가 되는 꿈을 키우고 있습니다.

김사랑 아저씨가 보여 준 십자가의 희생과 사랑은 비단 호태 형에게만 영향을 끼친 것이 아니었습니다. 사람들은 힘들고 지치는 순간이 오면, 김사랑 아저씨가 보여 준 십자가의 희생과 사랑을 떠올립니다.

아직은 세상에 희망이 있음을, 나를 대신해서 십자가를 진 예수가 있음을 느끼면서 말입니다.

통합형 논술
활용노트

01 기독교에서 말하는 '원죄' 가 무엇인지 말해 보세요. 특히 최초의 인간인 아담과 이브가 '선악과' 라는 과일을 따 먹은 사건이 왜 그 렇게 중요한 잘못인지 설명해 보세요.

02 인간이 원래부터 죄가 있다는 '원죄설'은 날 때부터 악한 본성을 가지고 태어난다는 '성악설'과 같은 주장인가요? 다르다면 어떤 점이 다른지 비교해 보세요.

03 원죄를 지닌 인간을 구제하는 방법은 무엇인가요? 설명해 보세요.

04 예수를 그리스도라고 부릅니다. '그리스도'라는 말이 지닌 의미가
무엇인지 설명해 보세요.

05 기독교에서 십자가는 어떤 의미를 담고 있나요? 설명해 보세요.

06 신앙과 실행의 관계에 대해서 말해 보세요.

07 기독교에서 말하는 거듭남과 용서란 어떤 의미인가요?

08 사랑의 유형 중 하나님과 결부된 아가페와 에로스의 차이점에 대해서 설명해 보세요.

_____

_____

_____

_____

_____

_____

_____

_____

_____

_____

_____

_____

통합형 논술 활용노트
문제풀이

01 원죄란 기독교 고유의 개념으로 최초의 인간인 아담과 이브가 하나님의 지시를 따르지 않고 저지른 한 가지 사건에서 비롯됩니다. 그 사건은 '먹으면 선과 악을 구별할 줄 알게 되는 과일'이라는 뜻의 선악과(흔히 사과로 알려짐)를 뱀의 꾐에 빠져 따 먹은 일입니다. 이 사건은 몇 알의 과일을 따 먹은 것보다는 거기에 담긴 상징이 매우 중요합니다.

첫 번째는 선악과라는 과일의 상징성입니다. 먹으면 선과 악을 분별할 줄 알게 되는 과일이 왜 그토록 위험한 과일인지 이해할 필요가 있습니다. 선악의 분별은 거기에 응분의 책임이 따르는데 인간에게는 그 책임을 감당할 능력이 없기 때문에 위험한 것입니다. 그 위험이란 구체적으로 인간이 하나님과 동등한 위치에 있으려는 교만에 빠지는 것입니다. 그리고 그것은 하나님으로부터 멀어지는 '타락'이라는 형벌로 나타납니다. 두 번째는 그토록 중요하고 위험한 일이라면 하지 말라는 지시만 내리고 그것이 발생하도록 놔뒀는가에 대한 문제입니다. 인간에게는 자유가 주어져 있습니다. 그리고 그 자유는 선을 향하게 되어 있

습니다. 선을 지향하는 한 인간은 자유인 것입니다. 그리고 선이란 신이 자신을 사랑하는 것과 동일한 사랑을 의미합니다. 이런 자유에는 어쩔 수 없는 위험이 있습니다. 신을 향하는 대신 시간과 공간 속의 유한한 사물을 향할 수도 있기 때문입니다. 이 위험성은 너무 엄청난 것이어서 인간의 힘으로는 벗어날 수가 없습니다. 오직 은총의 도움에 의해서만 벗어날 수 있습니다. 세 번째는 그 죄가 다른 후손들, 나아가 전 인류에 적용되는 보편성을 가지는가 하는 점입니다. 이를 심화시킨 사람은 예수의 직제자인 12사도는 아니지만 부활한 그리스도로부터 직접 위임받은 사도 바울입니다. 바울은 〈신약성서〉 로마서 5장 12절에서 '……한 사람으로 말미암아 죄가 세상에 들어오고 죄로 말미암아 사망이 왔나니 이와 같이 모든 사람이 죄를 지었으므로 사망이 모든 사람에게 이르렀느니라.'라고 하여 인류의 보편적인 죄성(罪性)과 아담의 죽음을 연관시켜 후세의 원죄설에 근거를 제공했습니다.

02 원죄 개념과 더불어 주의할 것은, 인간의 원죄를 인정하는 것이 곧 동양의 순자나 서양의 홉스가 펼친 성악설과 같은 것이 아닐까 하는 생각입니다. 결론부터 말하면 둘은 전혀 다릅니다. 원죄론과 성악설의 차이를 알기 위해서는 죄와 악의 분별이 필요합니다. 먼저 성악설은 하나의 인성론(인간의 근원적 본성에 관한 견해)으로서 최초 자연적 본성의 상태가 악하다는 것입니다. 반면에 원죄적 인간이란, 최초 본성이 악하기는커녕 '하나님의 형상대로 창조'되었기 때문에 성악설과는 거리가 멉니다. 다만 하나님의 지시를 어기고 교만에 빠져 원죄(타락 즉 하나님과 멀어짐)를 짓게 된 것입니다.

03 인간의 원죄설을 믿는 기독교에서는 그 구제법이 인위적인 제도나 법 또는 교육이 아닙니다. 인간의 힘으로는 도저히 행사할 수 없고 다만 하나님의 은총에 의해서만 '구원'될 따름입니다.

04 그리스도란 첫 번째, 하나님의 뜻을 담은 말씀(또는 계명)을 새롭게 선포한 사람입니다. 그 이전에도 계명은 있었지만 그것이 율법이라는 인위적인 틀에 얽매이자, 그것으로부터 사람들을 자유롭게 하는 새로운 계명을 선포한 것입니다. 새 계명은 억압의 낡은 율법을 지키는 대신 사랑을 실천하라는 것입니다. '경천애인' 즉, 위로 하나님을 섬기고 옆으로 주변의 이웃을 돌보는 사랑을 율법보다 위에 두게 한 것입니다.

두 번째, 그리스도의 정체는 하나님도 아니고 인간도 아니며 그 중간은 더욱 아닙니다. '온전한 하나님이자 온전한 인간'인 것입니다. 그래서 그리스도는 두려움의 대상이 아니며 단순한 존경의 대상도 아니고 오직 '신앙'의 대상인 것입니다. 또한 그리스도를 한자화하고 다시 우리 식으로 음역한 것이 '기독'으로, 기독교란 결국 그리스도를 신앙의 대상으로 삼는 종교인 것입니다.

세 번째, 그리스도는 자신이 선포한 새 계명을 스스로 실천한 사랑의 완성자이며 모범적인 신앙의 완성입니다. 이러한 완성

은 원죄로 인하여 돌이킬 수 없을 만큼 벌어진 하나님과 인간 사이를 그리스도가 메움으로써 가능했습니다. 예수도 인간으로서는 "주여, 왜 나를 버리시나이까?"라고 고통스런 원망을 했지만, 그리스도이기 때문에 하나님과 인간의 관계 회복에 필요한 대가를 죽음으로 치렀던 것입니다.

05 원죄의 대가로 죽음을 치른 십자가는 그리스도로서의 예수가 사랑과 신앙을 완성하기까지 겪은 고난의 상징이자 고난을 이겨낸 승리의 상징이며 이어지는 영광과 찬미의 상징입니다. 한편 십자가를 인간의 입장에서 보면 인간의 죄를 깨닫게 하는 준엄한 선포의 상징이자, 구원에 대한 약속의 상징이며, 그 실현을 입증한 능력의 상징인 것입니다. 조금 더 자세히 말하면 기독교의 십자가의 의미는 다음과 같습니다.

1. 십자가는 인간에 대한 하나님의 준엄한 선포입니다. 첫 번째는 인간의 죄에 대한 선포입니다. 예수가 십자가에 달려 죽었다는 사실은 그 자체가 인간의 죄가 얼마나 큰지를 드러낸 것입니다. 두 번째는 인간이 죄로부터 스스로 헤어날 수 없다는 선포입니다. 만일 인간이 스스로 벗어날 수 있는 능력을 갖고 있었다면 예수가 십자가에 매달리는 처형은 발생하지 않았을 것입니다. 세 번째는 하나님의 정의에 대한 선포입니다. 정의를 선포하기 위해서는 아무 죄 없는 유일한 인간인 예수가 필요했습니다. 네 번째는 하나님 사랑의 선포입니다. 만일 하나님의 사랑이 없었다면 하나님은 예수를 십자가로 보내지 않았을 것입니다.

2. 십자가는 하나님이 인간에게 주는 최고의 약속을 의미합니다. 첫 번째, 십자가의 메시지가 의미하는 것은 그것을 믿는 사람들 모두를 해방시켜 준다는 것입니다. 두 번째로 의미하는 것은 사랑과 치유를 제공한다

는 것입니다.

06 우리는 믿음이라는 것이 어떤 실행과는 무관한 것으로 오해하는 경향이 있습니다. 하지만 기독교에서의 신앙은 실행이 따를 때 의미있는 것이 됩니다. 그것은 '오직 믿음만으로' 라는 의미에 대한 다음의 주의할 점을 살펴보면 잘 알 수 있습니다. 첫 번째, 은총·용서·구원 등은 인간의 소관이 아니고 오직 믿음만이 인간이 실천할 몫이라는 의미에서 '오직 믿음만으로' 를 해석해야 합니다. 두 번째는 따라서 믿음이란 단순한 신념과는 다릅니다. 즉 아무런 실천적 행위를 할 필요가 없다고 해석하지 말아야 한다는 것입니다. 신앙으로서의 믿음은 각고의 실천적 수행이 반드시 뒤따르지 않을 수 없는 것입니다. 신앙의 이런 특성은 성경에서 '믿음에 행동이 따르지 않으면 그런 믿음은 죽은 것이다.' 라는 구절에서도 잘 드러나고 있습니다.

07 기독교에서는 단순히 육체적으로 태어나는 것과는 다른 의미인 다시 태어난다는 거듭남이라는 것이 있습니다. 거듭남이란 '죄를 용서받음' 을 뜻합니다. 그것은 기독교를 믿는 사람들에게 주어지는 가장 기본적이면서도 중요한 은총으로서, 일종의 선물과 같은 것이기 때문에 인간이 나서서 구할 수 있는 성질의 것이 아닙니다. 다만 인간이 취할 수 있는 것, 혹은 취해야 하는 유일한 것은 오직 믿음이라고 합니다. 그런 믿음의 선물로 가장 최초로 주어지는 기회는 바로 세례인 것입니다. 세례의 형태는 종파마다 조금씩 다르지만 물과 성령으로 주는 것은 공통적입니다.

08 하나님과 결부된 두 가지 사랑에는 아가페적 사랑과 에로스적 사랑이 있습니다.

아가페(Agape): 흔히 이타적 사랑이라고 합니다. 원래는 기독교의 창조주이자 절대자인 하나님이 피조물인 인간을 사랑하심을 의미합니다. 끝없는 용서의 사랑이라고

도 합니다. 이해타산을 떠난 헌신적인 사랑이지요. 사랑의 방향이 아래로 향한 사랑으로서, '내리사랑'이라고 표현되기도 하는 부모님의 자식 사랑도 이와 흡사합니다. 그렇지만 인간의 사랑이 전적인 아가페이기는 어렵습니다. 인간들끼리는 순수한 아가페적 사랑이 불가능할 수밖에 없는데, 무엇보다 서로 대등하지 않은 존재가 되어야 하기 때문입니다. 기독교적 논리에 따르면 인간은 순수한 아가페적 사랑을 하지 않는 것이 아니라 '감히 할 수 없는' 것입니다. 아가페적 사랑에 대하여 인간이 해야 할 몫은 '찬미와 감사'인 것입니다.

에로스(Eros): 흔히 육체적 사랑, 낭만적 사랑으로 알고 있기 때문에 에로스는 늘 성적인 사랑과 연관되곤 합니다. 물론 그것도 에로스의 한 단면이긴 하지만 그에 앞서 기독교적 유래를 더불어 알아 둘 필요가 있습니다. 원래 에로스는 아가페와 반대방향인 '위로 향한' 사랑을 의미합니다. 사랑의 대상이 위에 있기 때문에, 궁극적으로는 가장 위에 있는 하나님을 향한 사랑입니다. 그런데 하나님을 닮은 형상으로 신적인 요소도 들어 있는 인간은, 아가페적 사랑인 '감사와 찬미'에만 머물지 않고, 가끔은 스스로 신적인 합일(하나됨)의 상태를 통해서 신에게 직접 이르고자 하기도 합니다. 그렇지만 모든 인간은 두 가지의 성(gender)으로 나뉜 불완전한 존재로 있기 때문에 기본적으로 두 성의 재결합이 먼저 이루어져야 합니다. 남녀 간의 육체적 결합은 재결합에서 빼놓을 수 없는 중요한 과정입니다. 따라서 원래 에로스는 인간이 어느 정도 지니고 있는 '위로의 사랑'일 따름입니다. 그리고 불완전한 인간은 신적인 합일의 상태에 오래 머물지 못하기 때문에 육체적 결합의 절정 역시 덧없는 찰나적 현상으로 나타나는 것입니다. 그 대신 자녀를 낳고 기르는 동안 '아가페적 사랑'과 비슷한 내리사랑을 펼 수 있는 기회를 얻게 됩니다.